Vivre Comme ...
LES
CHINOIS

Philip Steele

De La Martinière
jeunesse

Traduction et adaptation Édith Ochs et Bernard Nantet

Édition originale publiée en 1998 par Lorenz Books

© Anness Publishing 1998
Pour l'édition française :
© 1999, De La Martinière Jeunesse (Paris, France)
2, rue Christine - 75006 Paris
Dépôt légal : septembre 1999
Réimprimé en septembre 2003
ISBN : 2-7324-2542-7
Imprimé à Singapour

Conforme à la loi n°49-956 du 16 juillet 1949 sur les publications destinées à la jeunesse.

Connectez-vous sur :
www.lamartiniere.fr

Crédits photographiques :
b=bas, h=haut, c=centre, g=gauche, d=droite

Ancient Art And Architecture Collection Ltd : 15bd, 56hg, 58cg ; Bridgeman Art Library : 15hg, 16cg, 21hd, 23bd, 25bg, 31hg, 31cg, 33bg, 41bg, 45hg, 46cg, 47cg, 47cd ; Bruce Coleman : 25bd, 39hg ; James David Worldwide Photographic Travel Library : 5 hd, 17cg, 36bd ; C M Dixon : 12hg, 14bg, 24hg, 30hd, 43hg, 44hd ; ET Archive : 8g, 9hg, 9hd, 9bg, 11h, 11bg, 12bg, 15hd, 15bg, 17hd, 20bd, 21bd, 22 hd, 22bg, 23 bg, 24 bd, 25hd, 26 hd, 27 hd, 32 bg, 40bd, 43 hd, 44hg, 49 cg, 50 cd, 54 bg, 57 cg, 61h ; Mary Evans Picture Library : 11bd, 12bd, 22bd, 29hg, 42bd, 59hg ; FLPA : 43cd, 43bd ; Werner Forman Archive : 10bg, 13hd, 26cd, 29hd, 29cg, 38hd, 39bg, 39bd, 35hd, 36hd, 37bd, 42hg, 58hd ; The Hutchinson Library : 52cg, 60c, 61cg ; MacQuitty Collection : 5c, 20hd, 21bg, 25hg, 27cg, 32hd, 37b, 41bd, 43bg, 45hd, 46hg, 48hd, 53hg, 53hd, 53cg, 54hg, 55cg, 55bd, 59cg ; Papilio Photographic : 30cg ; TRIP : 10bd, 60hd ; Visual Arts Library : 8d, 9bd, 14hg, 14c, 20bg, 23hd, 28cg, 34hg, 35cg, 40hg, 41hg, 41hd, 44cd, 49hd, 51hd, 51hg, 55hg, 56cg ; ZEFA : 4c, 10hd, 13hg, 13b, 16hg, 18hd, 33hd, 33bd, 36bg, 37hg, 37hd, 38hg, 39hd, 47hd.

SOMMAIRE

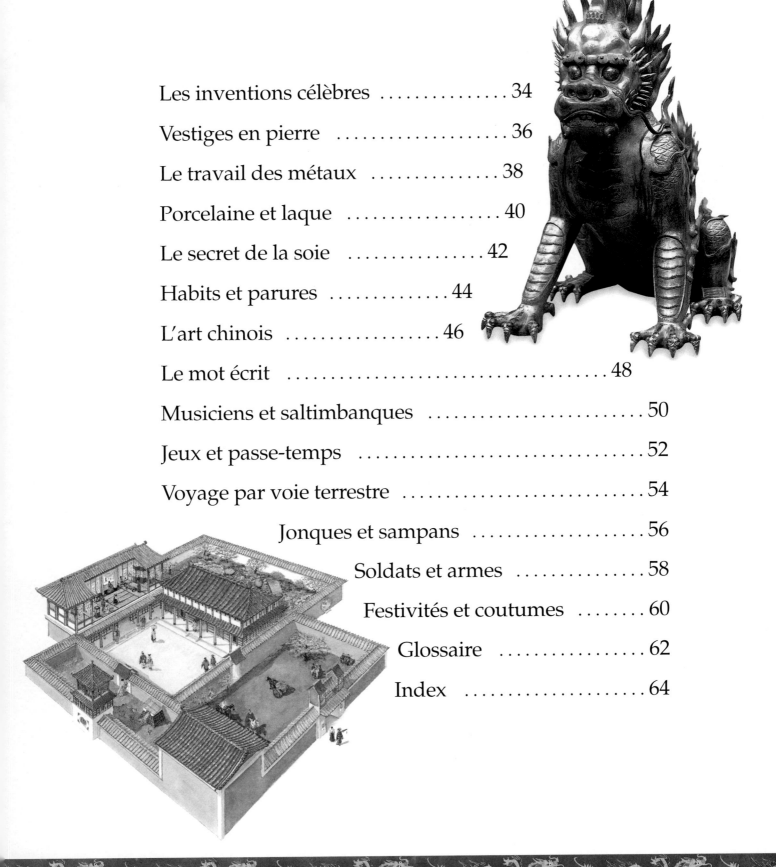

UNE VIEILLE CIVILISATION

Imagine-toi 5 000 ans en arrière, visitant les terres de l'Extrême-Orient. Dans le nord de la Chine, tu trouverais des villages composés de petites cabanes en chaume. Tu verrais des villageois pêchant dans les rivières, semant le millet et faisant cuire de la poterie. Après ces modestes débuts, la Chine a connu une civilisation étonnante. Ses villes sont devenues d'énormes cités, avec des palais et des temples. Elle a donné naissance à beaucoup de grands écrivains, penseurs, artistes, bâtisseurs et inventeurs. La Chine a été unifiée en 221 av. J.-C. sous l'autorité d'un seul empereur, et est restée un empire jusqu'en 1912.

La Chine d'aujourd'hui est un pays moderne. Son lointain passé doit être reconstitué par des archéologues et des historiens. Ils fouillent des tombeaux et des habitats anciens, étudient les tissus, les livres et la poterie. Heureusement, il reste des annales, qui apportent de précieux renseignements sur la longue histoire de la civilisation chinoise.

REPOSE EN PAIX
Un démon foulé aux pieds par un bon génie. On plaçait couramment dans la tombe ce type de statuette pour protéger le mort contre les esprits du mal.

LES HOMMES DE L'EMPEREUR
Une immense armée avance. Exhumée en 1974 par des archéologues, elle est exposée près de Xian. Les personnages grandeur nature sont en terre (argile) cuite. Ils furent enterrés en 210 av. J.-C. près de la tombe de Qin Shi Huangdi, le premier empereur de toute la Chine. Ils devaient le protéger des esprits du mal après sa mort.

CHRONOLOGIE 7000 - 100 AV. J.-C.

Les origines. On a retrouvé dans la province chinoise de Shanxi des vestiges humains vieux de plus de 600 000 ans. Les débuts de la civilisation chinoise apparaissent dans les villages agricoles dès la fin de l'âge de pierre (8000 av. J.-C. - 2500 av. J.-C.). Les États se développant, les Chinois devinrent habiles dans l'art de la guerre, la métallurgie, la fabrication de la poterie et de la soie.

Vers 7000 av. J.-C. Des bandes de chasseurs et de pêcheurs fréquentent les vallées. Ils utilisent des outils et des armes en pierre.

Cabane banpo

Vers 3200 av. J.-C. Les villages agricoles comme Banpo font cuire la poterie au four. C'est la civilisation de Yangshao.

Vers 2100 av. J.-C. Début de la dynastie légendaire des Xia, qui durera 500 ans.

Vers 2000 av. J.-C. Fabrication de la poterie noire (civilisation de Longshan).

Réceptacle en bronze shang

Vers 1600 av. J.-C. Début de la dynastie des Shang. On travaille le bronze et on produit la soie. Premiers idéogrammes (sur des os).

1122 av. J.-C. Le souverain zhou Wu devient empereur de la dynastie des Zhou occidentaux.

Têtes de lance zhou

7000 av. J.-C.   2100 av. J.-C.   1600 av. J.-C

4

UN TEMPLE CÉLESTE

Le temple de la prière pour de Bonnes Moissons (à droite) fait partie de Tiantan, le temple de la Paix céleste à Pékin. Il a été construit en 1420, mais dut être reconstruit dans les années 1890 après avoir été détruit par la foudre. Cet édifice témoigne de la technologie et de l'esthétique traditionnelle, ainsi que des croyances de la Chine ancienne.

L'EMPIRE HAN (206 AV. J.-C. - 220 AP. J.-C.)

La Chine s'agrandit rapidement sous la dynastie des Han. En l'an 2, elle avait absorbé la Corée du Nord, la côte sud-est, le Sud-Ouest jusqu'au Vietnam et de vastes portions de l'Asie centrale. Les frontières du Nord étaient défendues par la Grande Muraille, qui fut prolongée sous les Han.

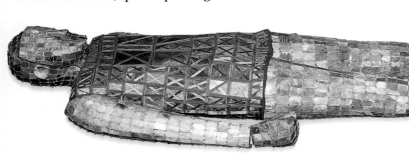

LE PRINCE DE JADE

En 1968, des archéologues chinois ont fouillé la tombe du prince Liu Sheng. À sa mort, en 100 av. J.-C., sa dépouille a été placée dans un habit de jade. Plus de 2 400 morceaux de pierres précieuses ont été montées sur fil d'or. On croyait que le jade préserverait le corps.

Soldat zhou

771 av. J.-C. Début de la dynastie des Zhou orientaux.

Vers 604 av. J.-C. Naissance de Laozi (Lao-tseu), fondateur du taoïsme.

551 av. J.-C. Naissance du philosophe Kong Fuzi (Confucius).

453 av. J.-C. Effondrement du pouvoir central. Début des travaux du Grand Canal et de la Grande Muraille.

221 av. J.-C. La Chine devient un empire centralisé sous Zheng.

213 av. J.-C. Qin Shi Huangdi brûle les livres qui ne sont pas d'ordre « pratique ».

Écriture chinoise

210 av. J.-C. Mort de Qin Shi Huangdi. Des gardes en terre cuite sont enterrés dans son tombeau.

206 av. J.-C. Renversement de la dynastie des Qin. Début de la dynastie des Han.

202 av. J.-C. Début de la dynastie des Han occidentaux. Liu Bang devient l'empereur Gaozu.

200 av. J.-C. Chang'an devient la capitale de l'empire chinois.

Guerrier et cheval en terre cuite

112 av. J.-C. Début du commerce avec l'Asie occidentale et l'Europe sur la route de la soie.

780 av. J.-C   550 av. J.-C   210 av. J.-C   140 av. J.-C   110 av. J.-C

L'EMPIRE DU MILIEU

La Chine est un vaste pays, à peu près de la taille de l'Europe. Ses plaines fertiles et ses vallées sont bordées de déserts, de montagnes et d'océans. Les anciens Chinois appelaient leur pays Zhongguo, l'empire du Milieu, et croyaient qu'il était au centre du monde civilisé. La plupart des Chinois appartiennent au peuple des Han, mais le pays est aussi habité par plus d'une cinquantaine de peuples dont certains ont joué un rôle important dans l'histoire de la Chine. Parmi eux figurent les Hui, les Zhuang, les Dai, les Yao, les Miao, les Tibétains, les Mandchous et les Mongols.

Les toutes premières civilisations chinoises se sont développées autour du Huang He (le fleuve Jaune), où le sol fertile faisait vivre les villages, puis les villes et les cités. Celles-ci devinrent le centre de royaumes rivaux. Entre 1700 av. J.-C. et 256 av. J.-C., le pouvoir chinois s'étendait au sud jusqu'au Chang Jiang (Yangtzé), grand fleuve du centre de la Chine. Toute la Chine orientale fut unie pour la première fois en un seul empire sous les Qin (221-206 av. J.-C.). Les dirigeants de la dynastie des Han (206 av. J.-C. - 220 ap. J.-C.) étendirent l'empire au sud jusqu'au Vietnam. L'empire chinois devint alors plus vaste que celui des Romains, dominant le centre et le sud-est de l'Asie. Les Mongols, venus des terres du nord de la Chine, régnèrent de 1279 à 1368. Puis la dynastie des Ming leur succéda, avant d'être renversée par les Mandchous en 1644. Dans les siècles qui suivirent, la Chine fut incapable de résister à l'intervention de l'Europe. Pour finir, l'empire s'effondra, et la Chine devint une république en 1912.

EUROPE

Mer Noire

Mer Méditerranée

ÉGYPTE

Nil

Mer Rouge

AFRIQUE

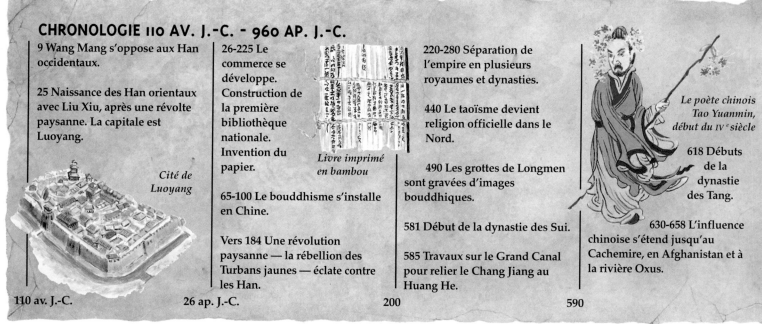

CHRONOLOGIE 110 AV. J.-C. - 960 AP. J.-C.

9 Wang Mang s'oppose aux Han occidentaux.

25 Naissance des Han orientaux avec Liu Xiu, après une révolte paysanne. La capitale est Luoyang.

Cité de Luoyang

26-225 Le commerce se développe. Construction de la première bibliothèque nationale. Invention du papier.

Livre imprimé en bambou

65-100 Le bouddhisme s'installe en Chine.

Vers 184 Une révolution paysanne — la rébellion des Turbans jaunes — éclate contre les Han.

220-280 Séparation de l'empire en plusieurs royaumes et dynasties.

440 Le taoïsme devient religion officielle dans le Nord.

490 Les grottes de Longmen sont gravées d'images bouddhiques.

581 Début de la dynastie des Sui.

585 Travaux sur le Grand Canal pour relier le Chang Jiang au Huang He.

Le poète chinois Tao Yuanmin, début du IV ᵉ siècle

618 Débuts de la dynastie des Tang.

630-658 L'influence chinoise s'étend jusqu'au Cachemire, en Afghanistan et à la rivière Oxus.

110 av. J.-C.   26 ap. J.-C.   200   590

Mer Caspienne

ASIE CENTRALE

MONGOLIE

Guerrier mongol

Désert de Gobi

La Grande Muraille

Pékin

Chang'an (Xian)

Huang He (fleuve jaune)

Grand Canal

Massif de l'Himalaya

Marchand sur la route de la soie

Golfe Persique

ARABIE

Gange

Mer d'Oman (ou mer Arabique)

INDE

Golfe du Bengale

ASIE DU SUD-EST

Hangzhou

Chang Jiang (Yangtsé)

riz

Mer de Chine méridionale

JAPON

Jonque chinoise

Poisson volant

L'EMPIRE COMMERCIAL CHINOIS

Cette carte indique l'expansion de l'empire chinois sous la dynastie Ming (1368-1644). Les marchands transportaient des produits de luxe sur la route de la soie, qui allait de Chang'an (Xian) aux rives de la Méditerranée. Les routes maritimes conduisaient les marchands au Vietnam, en Corée et au Japon.

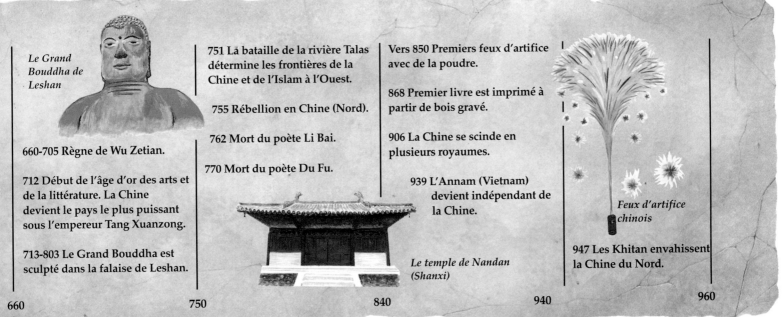

Le Grand Bouddha de Leshan

660-705 Règne de Wu Zetian.

712 Début de l'âge d'or des arts et de la littérature. La Chine devient le pays le plus puissant sous l'empereur Tang Xuanzong.

713-803 Le Grand Bouddha est sculpté dans la falaise de Leshan.

751 La bataille de la rivière Talas détermine les frontières de la Chine et de l'Islam à l'Ouest.

755 Rébellion en Chine (Nord).

762 Mort du poète Li Bai.

770 Mort du poète Du Fu.

Le temple de Nandan (Shanxi)

Vers 850 Premiers feux d'artifice avec de la poudre.

868 Premier livre est imprimé à partir de bois gravé.

906 La Chine se scinde en plusieurs royaumes.

939 L'Annam (Vietnam) devient indépendant de la Chine.

Feux d'artifice chinois

947 Les Khitan envahissent la Chine du Nord.

660   750   840   940   960

LES GRANDS NOMS DE L'HISTOIRE

Les grands empires sont faits de gens ordinaires autant que de puissants. L'empire chinois n'aurait pu exister sans les millions de paysans qui ont planté, bâti des murailles et creusé des canaux. On a oublié leur nom ; seuls ceux qui ont conduit les révoltes contre l'autorité ne sont pas tombés dans l'oubli. Inventeurs, penseurs, artistes, poètes et écrivains de la Chine impériale sont davantage connus. Ils influencèrent la société dans laquelle ils vivaient, et leurs idées, leurs œuvres d'art ainsi que leurs inventions nous intéressent encore aujourd'hui. La cour royale était composée de gens divers. Elle comprenait des milliers de fonctionnaires, d'artistes, d'artisans et de serviteurs. Certains avaient beaucoup de pouvoir. Les souverains avaient diverses origines, car ils étaient issus de peuples variés. Ils étaient souvent d'anciens seigneurs de la guerre avides de pouvoir. D'autres ont laissé le souvenir de savants ou d'artistes. Quelques femmes ont aussi réussi à jouer un rôle politique assez important, officiellement ou en coulisse.

LAOZI (NÉ VERS 604 AV. J.-C.)

Le légendaire Laozi (Lao-tseu) serait un érudit qui travaillait comme bibliothécaire de la cour. Il aurait écrit un livre, le *Daodering (le Livre de la voie et de la vertu)*. Pour lui, les hommes devaient vivre en harmonie avec la nature. Ses idées ont donné plus tard le taoïsme.

KONG FUZI (551-479 AV. J.-C.)

Kong Fuzi est mieux connu en Occident par son nom latin, Confucius. C'était un personnage public, devenu un professeur, et un penseur de renom. Ses idées sur la famille, la société et le comportement en société ont beaucoup influencé les générations futures.

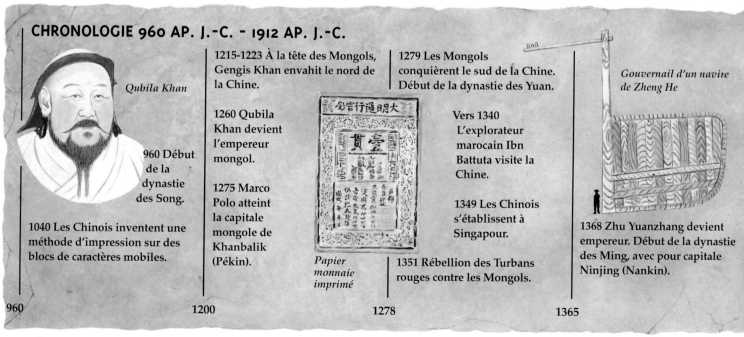

CHRONOLOGIE 960 AP. J.-C. - 1912 AP. J.-C.

Qubila Khan

960 Début de la dynastie des Song.

1040 Les Chinois inventent une méthode d'impression sur des blocs de caractères mobiles.

1215-1223 À la tête des Mongols, Gengis Khan envahit le nord de la Chine.

1260 Qubila Khan devient l'empereur mongol.

1275 Marco Polo atteint la capitale mongole de Khanbalik (Pékin).

Papier monnaie imprimé

1279 Les Mongols conquièrent le sud de la Chine. Début de la dynastie des Yuan.

Vers 1340 L'explorateur marocain Ibn Battuta visite la Chine.

1349 Les Chinois s'établissent à Singapour.

1351 Rébellion des Turbans rouges contre les Mongols.

Gouvernail d'un navire de Zheng He

1368 Zhu Yuanzhang devient empereur. Début de la dynastie des Ming, avec pour capitale Ninjing (Nankin).

960   1200   1278   1365

HAN GAOZU (256-195 AV. J.-C.)

Sous la dynastie des Qin (221-206 av. J.-C.), Liu Bang était un fonctionnaire mineur responsable d'un poste de relais pour les messagers royaux. Il observa l'effondrement de l'empire centralisé des Qin. En 206 av. J.-C., il se déclara souverain du royaume des Han. En 202 av. J.-C., il battit Xiang Yu et fonda la dynastie des Han. Devenu l'empereur Gaozu, il tenta d'unifier la Chine.

QIN SHI HUANGDI (256-210 AV. J.-C.)

Des savants demandent grâce devant le premier empereur. Depuis l'âge de neuf ans, Zheng régna sur toute la Chine, d'où son nom, qui signifie « premier empereur des Qin ». Ses méthodes étaient brutales, comme celle d'enterrer ses adversaires vivants.

L'IMPÉRATRICE WU ZETIAN (624-705)

L'empereur Tang Gaozong mit en rage les fonctionnaires quand il remplaça sa femme légitime par Wu, sa concubine (seconde femme). L'empereur ayant eu une attaque en 660, Wu prit ensuite le pouvoir. En 690, elle devint la première impératrice de Chine.

QUBILA KHAN (1214-1294)

L'explorateur vénitien Marco Polo rend visite à l'empereur Qubila Khan à Khanbalik (Pékin). Qubila Khan était un Mongol qui avait conquis le nord puis le sud de la Chine.

1405-1433 Expéditions chinoises sous Zheng He.

1421 Pékin devient la capitale de l'empire chinois.

1550 Raids de pirates japonais contre la Chine.

Cavalier mandchou

1428 Les Chinois sont expulsés d'Annam (Vietnam).

1644 Li Zicheng conduit la rébellion contre les Ming. Invasion mandchoue. Début de la dynastie des Qing.

Rebelle boxer

1673 Révoltes contre les Qing dans le Sud.

1839-1842 Première guerre de l'Opium.

1842 Traité de Nankin. L'Angleterre récupère Hong Kong.

1850-1864 Rébellion des Taiping.

1858 Traité de Tianjin. Occupation des ports chinois par des puissances étrangères.

1894-1895 Guerre contre le Japon. Perte de Taiwan.

1899-1900 Guerre des Boxers contre les Qing et les étrangers.

1912 Déclaration de la république par Sun Yatsen. L'empereur Puyi abdique.

Puyi, le dernier empereur

1405   1425   1650   1880   1912

LES FILS DU CIEL

Les premiers dirigeants chinois vivaient il y a environ 4 000 ans. La première dynastie fut celle des Xia. C'est une période mal connue et nourrie d'anciens mythes et de légendes. Les fouilles nous éclairent davantage sur les souverains de la dynastie des Shang, il y a plus de 3 000 ans, qui avaient des esclaves et de fabuleux trésors.

Sous la dynastie suivante, celle des Zhou, apparaît l'idée que les dirigeants chinois étaient les Fils du Ciel, placés sur le trône par la volonté des dieux. À partir de l'unification de la Chine en un puissant empire, en 221 av. J.-C., cette idée permit aux empereurs de rester aux commandes et de transmettre le pouvoir à leur fils. Celui qui s'emparait du pouvoir par la force devait prouver que le souverain avait offensé les dieux. Les tremblements de terre et les désastres naturels étaient souvent considérés comme des signes de la colère des dieux.

Les empereurs chinois furent parmi les souverains les plus puissants de l'Histoire. Les empereurs de la dernière dynastie, les Qing (1644-1912), ont vécu, isolés du monde, dans des palais luxueux. Quand ils passaient dans les rues, les gens devaient s'enfermer chez eux.

LES PRIÈRES DES EMPEREURS
Ces piliers magnifiquement décorés se trouvent dans le temple de la prière pour de Bonnes moissons de Tiantan, à Pékin. Chef religieux autant que dirigeant politique, l'empereur venait ici pour le nouvel an. On priait toute la soirée pour que les dieux accordent une moisson très abondante dans l'année à venir.

LA MONTAGNE SACRÉE
Cette stèle (pierre gravée) se trouve au sommet de Taishan, la montagne la plus sacrée de Chine, dans la province de Shandong. Pour les anciens Chinois, Taishan était le séjour des dieux. Pendant environ plus de 2 000 ans, les empereurs ont gravi les marches taillées dans la roche pour aller prier.

DANS LA CITÉ INTERDITE
Le vaste palais impérial de Pékin est « une cité dans la cité ». Il a été édifié entre 1407 et 1420 sous le règne de l'empereur Yongle. Derrière ses hauts murs rouges et ses douves se dressaient 800 salles et temples magnifiques, au milieu de jardins, de cours et de ponts. Pas moins de 24 empereurs y ont vécu dans un luxe indescriptible, à l'écart de leurs sujets. Le palais impérial s'appelait aussi la Cité interdite, car les simples sujets n'avaient pas même le droit d'approcher de ses portes.

« NOUS POSSÉDONS TOUTES CHOSES »

Tel fut le message de l'empereur Qianlong à George III, roi
d'Angleterre, en 1793. Ici, les Kirghizes d'Asie centrale offrent à
l'empereur de superbes chevaux. À la fin du XIXᵉ siècle, le pouvoir
chinois s'étendit à la Mongolie, au Tibet et à l'Asie centrale.
Des présents fabuleux furent envoyés à l'empereur de tous les coins
de l'empire, dans l'espoir de s'assurer ses faveurs.

RITUELS ET CÉRÉMONIES

Sous la dynastie des Qing, l'empereur doit assister à de multiples
cérémonies et réceptions officielles. Ici, dans la Cité interdite de Pékin,
un long tapis conduit au trône du souverain. Les fonctionnaires en robe de
soie attendent près des marches et des terrasses, tenant leur bannière ainsi
que l'ombrelle de cérémonie. Les courtisans s'agenouillent ou s'inclinent
devant l'empereur. La conduite de chacun était régie par l'étiquette. Les
types et les couleurs des vêtements étaient aussi réglementés.

À DOS D'HOMMES

Le premier empereur chinois, Qin Chi Huangdi,
se rend dans un monastère dans les montagnes
(vers l'an 200 av. J.-C.). Il voyage en chaise à
porteurs, transporté sur les épaules de ses
serviteurs. Les empereurs se déplaçaient toujours
entourés de nombreux gardes et courtisans.

RELIGIONS ET CROYANCES

« Trois enseignements n'en forment qu'un seul », dit un vieux proverbe chinois. Les trois enseignements sont le taoïsme, le confucianisme et le bouddhisme. En Chine, ils se sont peu à peu mélangés au fil du temps.

Les premiers peuples chinois croyaient en divers dieux et déesses de la nature, aux esprits et démons. L'esprit de la nature et le flux de la vie ont inspiré des écrits qu'on attribue à Lao-tseu (né vers 604 av. J.-C.). Ses idées constituent le fondement du taoïsme.

Les enseignements de Kong Fuzi (Confucius) datent de la même période, mais ils insistent sur l'importance de l'ordre social et du respect des ancêtres comme source de bonheur. À cette époque, un autre grand théosophe, le Bouddha, prêchait en Inde. Cinq cents ans plus tard, les principes du bouddhisme atteignaient la Chine, et sous la dynastie des Tang (618-906), le bouddhisme était devenu la religion la plus répandue. L'islam fut introduit vers la même période dans le Nord-Ouest. Le christianisme arriva en Chine par la Perse, mais il ne s'implanta qu'au début du XXᵉ siècle.

LA DÉESSE DE LA MISÉRICORDE
Guanyin était la déesse de la miséricorde, et celle qui apportait les enfants. Une figure sacrée pour tous les bouddhistes chinois.

LE TAOÏSME : UNE RELIGION DE L'HARMONIE
Un jeune garçon apprend le tao en recherchant l'harmonie avec la nature. Les taoïstes croient que la nature résulte d'un état d'équilibre entre deux forces, le yin et le yang. Le yin est sombre, froid et féminin ; le yang est léger, chaud et masculin. Les deux forces sont associées dans le symbole noir et blanc sur le rouleau.

LA PAIX PAR L'ORDRE SOCIAL
Kong Fuzi (Confucius) aspire à un monde régi par l'ordre. Il enseignait que le bien-être de la société est basé sur le devoir et le respect. Les enfants doivent toujours obéir à leurs parents et les femmes à leur mari. Le peuple doit se soumettre à ses gouvernants et ceux-ci doivent satisfaire les dieux. Les empereurs ont adopté les principes du confucianisme.

LIBÉRÉ
DU DÉSIR

Les moines chinois sculptaient dans la roche d'énormes statues du Bouddha. On peut en voir dans les grottes de Mogao, près de Dunhuang, où des temples ont été bâtis dès 366. Le Bouddha enseignait que la souffrance vient de notre amour des choses matérielles. Les bouddhistes croient que nous renaissons sans cesse tant que nous n'avons pas appris à maîtriser ce désir.

L'ISLAM EN CHINE

Voici une partie de la grande mosquée de Xian (Chang'an), construite dans le style chinois. Elle a été fondée en 742, mais la plupart des bâtiments encore en service datent de la dynastie des Ming (1368-1644). L'islam s'est installé en Chine vers l'an 700. Les marchands musulmans venus d'Asie centrale ont apporté avec eux le Coran, livre saint de l'islam. Il enseigne qu'il n'y a qu'un Dieu, Allah, et que Mahomet est son prophète.

GARDIENS DU TEMPLE

Des figures sacrées du bouddhisme écartent les mauvais esprits à Puningsi, le temple de la Paix universelle, près de Chengde. Construit en 1755 , il est célèbre pour le pavillon Mahayana, une haute tour couverte d'un toit en bronze doré.

LA SOCIÉTÉ CHINOISE

Les vallées et les côtes de la Chine ont toujours été parmi les lieux les plus peuplés de la terre. Confucius, avec son amour de l'ordre social, enseignait qu'on pouvait distinguer quatre groupes principaux : au sommet, apparaissaient les nobles, les érudits et les propriétaires terriens ; ensuite venaient les fermiers, y compris les paysans les plus pauvres — ils étaient précieux car ils travaillaient pour le bien de la nation entière en procurant la nourriture nécessaire à l'alimentation d'une population en constante augmentation ; en troisième lieu, les ouvriers spécialisés et les artisans ; et, en bas, les marchands, car, pour Confucius, ils œuvraient pour leur profit personnel plus que pour le bien du peuple. Cependant, la façon dont la société, en pratique, rétribuait ces groupes ne correspondait pas du tout à la théorie. Les marchands finissaient par être les plus riches et prêtaient de l'argent aux classes supérieures. En revanche, les paysans, si estimés, menaient souvent une vie misérable, perdaient leur maison lors des inondations et des tremblements de terre ou mouraient de faim lors des famines.

AU SOMMET
Fonctionnaires du début du XVIIe siècle. Le gouvernement employait plusieurs milliers de personnalités de haut rang. Le service civil était considéré comme la profession la plus honorable et la plus gratifiante. Tous les hommes pouvaient postuler. Même les pauvres pouvaient accéder à la classe dirigeante s'ils passaient les examens.

L'ORDRE IDÉAL ?
Un haut fonctionnaire inspecte les champs où des paysans sont heureux de travailler. Cette peinture donne une vision idyllique de la société proposée par Confucius. La province prospère parce que chacun connaît sa place dans la société. En réalité, si les responsables menaient une vie fort confortable, la misère était courante. Les paysans s'échinaient dans les champs pour un médiocre revenu. Les fonctionnaires accordaient des secours aux victimes des famines ou des inondations, mais ne s'en prenaient jamais à l'ordre social. Les soulèvements paysans sont fréquents dans l'histoire de la Chine.

TRAVAILLER DANS LES CARRIÈRES D'ARGILES

La poterie était une des industries les plus importantes de la Chine impériale. Il y avait des fabriques nationalisées, de même que de petits ateliers privés. Cette industrie employait quelques ouvriers extrêmement qualifiés, mais aussi des milliers de manœuvres, qui devaient extraire la précieuse argile. Ils travaillaient très dur pour peu d'argent. Parfois éclataient de violentes émeutes pour réclamer de meilleures conditions de travail.

LA VIE DERRIÈRE UN BUREAU

Les magistrats de province cherchent à se rappeler les œuvres de Confucius au cours d'un examen difficile. S'ils sont admis, la réussite sociale et la fortune leur sont assurées. Sinon, c'est la honte. La fonction publique en Chine a été fondée vers 900 av. J.-C. Cette peinture date de la dynastie des Qing (1644-1912). Il y avait des examens pour tous les postes, et ils étaient très durs. On devait « connaître par cœur ses classiques ». Parfois, les candidats trichaient !

UNE MACHINE À ÉCHINE DE DRAGON

Le paysan pouvait s'aider de machines pour faciliter son travail dans les rizières. C'était en effet un très pénible labeur. Quelques inventions habiles ont pu le soulager. Cet appareil pour puiser l'eau fut inventé vers l'an 100. Appelée « machine à échine de dragon », on s'en servait pour amener l'eau jusqu'aux terrasses des rizières, ainsi inondées. Hommes et femmes travaillaient de l'aube au crépuscule afin de produire la nourriture pour la population.

SIGNES DE RICHESSE

Les marchands étaient au bas de l'échelle sociale, mais ils possédaient de grandes richesses. Ils gagnaient des fortunes en prêtant de l'argent et en exportant des produits de luxe, comme la soie, les épices et le thé. L'influence de la classe marchande se reflète dans les premières pièces de monnaie en bronze (vers 250 av. J.-C.), qui avaient la forme de couteaux, de binettes et de bêches. Les marchands échangeaient souvent ces outils.

Couteau

Binette

VILLES ET CITÉS

Les cités se sont développées dans le nord de la Chine au cours de la dynastie des Shang (vers 1600-1122 av. J.-C.). Zhengzhou fut l'une des premières capitales construites vers 1600 av. J.-C. Son enceinte faisait sept kilomètres de long, mais la cité dépassait de beaucoup cette limite. Les cités chinoises s'agrandirent au cours des siècles, et au début du XVIe siècle, Pékin devint la plus grande ville du monde. Quelques grandes villes abritaient le siège du gouvernement, tandis que de plus petites agglomérations étaient des villes marchandes ou des centres industriels.

La cité chinoise type était protégée par un large fossé et un haut parapet de terre. On y entrait par un porche fortifié, massif, pratiqué dans l'enceinte. Les rues étaient encombrées de charrettes, de marchés, d'ateliers, et de mendiants. La plupart des gens habitaient dans des quartiers qui étaient clos la nuit par des portails verrouillés. Temples et monastères attiraient le regard, mais les palais royaux et les demeures des familles riches étaient cachés par de hauts murs.

LE BRUIT DES CLOCHES

Il y avait des cloches dans les temples et sur les tours des villes. Elles résonnaient au lever du jour signalant l'ouverture des portes. Des tambours annonçaient leur fermeture, la nuit.

LES « GRATTE-CIEL » CHINOIS

Une pagode (à l'extrême gauche) se dresse au-dessus d'une ville de la Chine impériale. Les pagodes étaient d'élégantes tours de quinze étages, avec un avant-toit à chaque étage. Elles apparurent d'abord en Inde, où elles marquaient souvent un site sacré du bouddhisme. Les Chinois les perfectionnèrent, et beaucoup croyaient que leur construction était propice aux terres environnantes. Parfois, elles servaient de bibliothèques où les érudits pouvaient étudier les écritures bouddhistes.

UNE PAGODE

Matériel : carton, règle, crayon, ciseaux, colle et brosse, ruban masque, carton ondulé, baguette de 3 cm x 1,5 cm de diamètre, fuseau à dentelle, moitié d'une baguette de barbecue, peinture (rose, terre cuite et crème), pinceaux, eau.

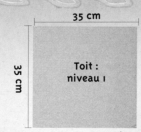

Toit : niveau 1 — 35 cm x 35 cm

Côté : niveau 1 — 30 cm x 11,5 cm
x 4
Entrée 4 cm x 8 cm

(N.B. L'entrée est de 4 cm x 8 cm à tous les niveaux)

Côtés flèche x 4 — 2,5 cm / 4,5 cm / 7 cm

Toit : niveaux 2 à 7	Côtés (x 4) : niveaux 2 à 7
Niveau 2 32 cm x 32 cm	Niveau 2 27 cm x 11,5 cm
Niveau 3 29 cm x 29 cm	Niveau 3 24 cm x 11,5 cm
Niveau 4 26 cm x 26 cm	Niveau 4 21 cm x 11,5 cm
Niveau 5 23 cm x 23 cm	Niveau 5 18 cm x 11,5 cm
Niveau 6 20 cm x 20 cm	Niveau 6 15 cm x 11,5 cm
Niveau 7 17 cm x 17 cm	Niveau 7 12 cm x 11,5 cm

Découpe le toit, le côté et les parties de la flèche dans du carton. Utilise les mesures ci-dessus.

1 Commence par le niveau 1. Rassemble les 4 côtés. Colle-les avec du ruban masque. Puis colle des morceaux de carton derrière chaque porte.

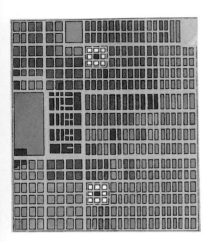

Quartier classe inférieure

Quartier classe moyenne

Quartier classe supérieur

Bâtiments gouvernementaux

Marchés

Bureaux

Palais

LE PLAN D'UNE VILLE

Cette grille représente le plan de Chang'an (Xian), la capitale de l'empire des Tang (618-906). Les rues étaient regroupées en quartiers. Beaucoup de cités chinoises ont adopté le même plan.

L'INFLUENCE OCCIDENTALE

Les drapeaux des nations occidentales flottent dans le grand port méridional de Guangzhou (Canton), vers 1810. L'architecture étrangère commence à faire son apparition dans des cités chinoises à la même époque. Au début du XIXe siècle, de puissants pays occidentaux rivalisent pour accaparer le commerce chinois.

VIVRE AUX CONFINS

Les cités situées en bordure de l'empire ne ressemblent pas à celles de l'intérieur. Ville d'altitude, Lhassa est la capitale du Tibet. Elle s'étend au pied du palais, le Potala. Le Tibet a eu des liens politiques étroits avec la Chine depuis le début du VIIe siècle. Indépendant pendant la plus grande partie de son histoire, ce pays de l'Himalaya a été envahi par la Chine au début du XVIIIe puis, à nouveau, en 1950.

Les pagodes apparaissent en Chine dès 523. Certaines des premières ont été bâties par des moines chinois qui avaient vu les temples bouddhistes en Inde. Des étages supplémentaires ont parfois été ajoutés au fil des siècles.

2 Colle le toit du niveau 1 sur les murs du niveau 1. Centre les côtés du niveau 2 sur le toit d'en dessous. Mets du ruban masque, colle et pose le toit.

3 Découpe 4 bandes de carton ondulé de 3 cm de large pour chaque toit. La longueur doit correspondre aux mesures du toit. Colle-les au bord du toit.

4 Rassemble les niveaux 3 à 7. Colle les parties de la flèche. Coince le morceau de bois au sommet. Passe le bâton à barbecue dans la bobine et colle-les.

5 Colle la flèche tout en haut. Peins le fond avec le gros pinceau, puis les détails avec le fin, comme les tuiles du toit, couleur de terre cuite.

MAISONS ET JARDINS

Les édifices des cités chinoises étaient conçus pour être en harmonie les uns avec les autres, et avec la nature. Leur orientation, leur agencement et leurs proportions avaient une grande importance spirituelle. Même le nombre de marches conduisant à l'entrée de la maison avait une signification. La distribution de la maison dans la Chine impériale a varié selon l'époque et les régions. Dans le Sud, chaud et humide, les cours avaient tendance à être ombragées. Dans le climat plus sec du Nord, les cours étaient généralement à découvert. Les pauvres dans les campagnes habitaient de simples cabanes de chaume, avec une charpente en bois et des murs en terre séchée. Elles étaient souvent bruyantes, ouvertes aux courants d'air et encombrées. En revanche, les maisons des riches étaient spacieuses, paisibles et bien construites. Elles avaient souvent de superbes jardins, avec des pivoines, des bambous et de la glycine. Certaines comportaient aussi des vergers, des bassins et des pavillons.

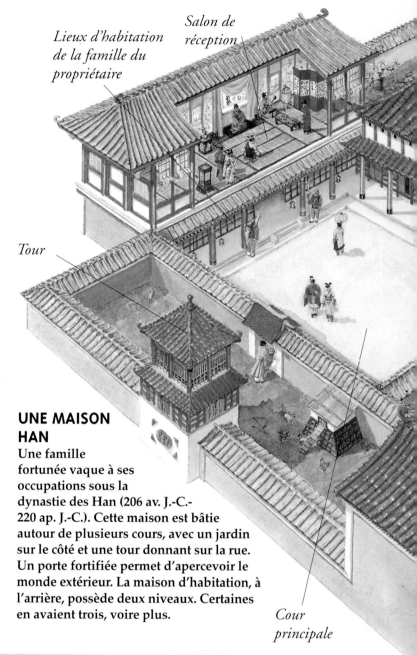

Salon de réception

Lieux d'habitation de la famille du propriétaire

Tour

Cour principale

UNE MAISON HAN

Une famille fortunée vaque à ses occupations sous la dynastie des Han (206 av. J.-C.- 220 ap. J.-C.). Cette maison est bâtie autour de plusieurs cours, avec un jardin sur le côté et une tour donnant sur la rue. Un porte fortifiée permet d'apercevoir le monde extérieur. La maison d'habitation, à l'arrière, possède deux niveaux. Certaines en avaient trois, voire plus.

UNE MAISON

Matériel : carton, carton ondulé, règle, stylo feutre, ciseaux, colle et brosse, 2 baguettes de 2,5 cm x 0,5 cm, ruban masque, peinture (blanc, gris, rose) pinceaux (fin et gros), gobelet d'eau.

Base — 28 cm / 24 cm

Mur A — 25,5 cm / 3 cm / 2 cm / 3cm / 13,5cm / 9 cm / 14,5 cm

Mur B — 3 cm / 17 cm / 10,5 cm / x 2

Marches — 4 cm / 2 cm

Toit Partie A x 4 — 18 cm / 7,5 cm

Portail — 7 cm / 4cm / 0,5 cm

Mur C — 25,5 cm / 3 cm / 1,5 cm / 3 cm / 2 cm / 3 cm / 13,5 cm / 12,5 cm / 11,5 cm

Mur D x 2 — 13,5 cm

Sol x 2 — 5,5 cm / 6,5 cm / 8,5 cm / 11 cm / 15 cm / 7,5 cm

Support de toit x 6 — 18 cm / 8,5 cm / 4 cm / 7,5 cm / 10,5 cm

Toit Partie B x 2 — 18 cm / 8 cm

Mur E x 2 — 8,5 cm / 16 cm

Mur F x 2 — 9,5 cm / 9 cm / 7 cm / 18 cm

Plie le mur F ici.

1 Découpe les morceaux dans du carton. Colle les murs A, E et F pour la base. Ajoute le sol et les marches. Colle la baguette sous le sol, et le carton ondulé.

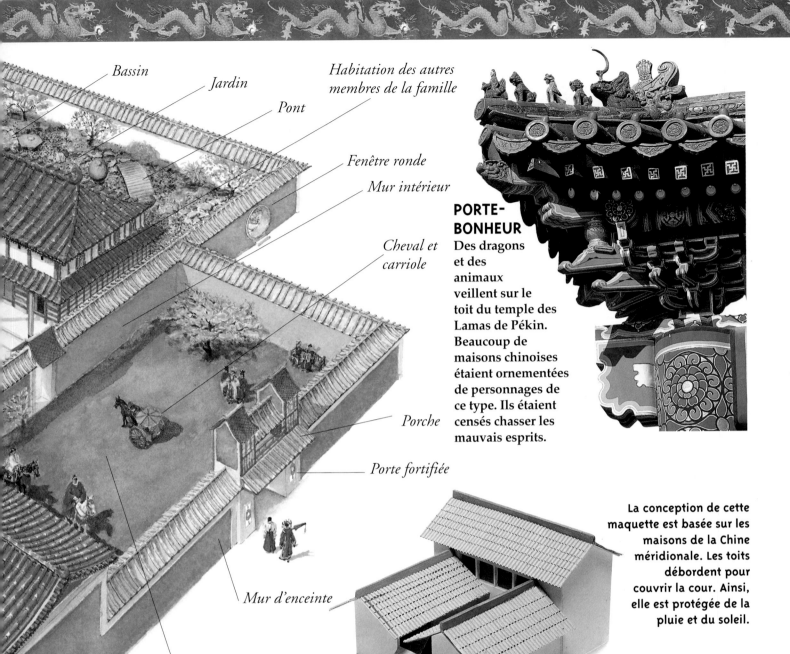

Bassin

Jardin

Pont

Habitation des autres
membres de la famille

Fenêtre ronde

Mur intérieur

Cheval et
carriole

Porche

Porte fortifiée

Mur d'enceinte

Cour extérieure

PORTE-BONHEUR

Des dragons et des animaux veillent sur le toit du temple des Lamas de Pékin. Beaucoup de maisons chinoises étaient ornementées de personnages de ce type. Ils étaient censés chasser les mauvais esprits.

La conception de cette maquette est basée sur les maisons de la Chine méridionale. Les toits débordent pour couvrir la cour. Ainsi, elle est protégée de la pluie et du soleil.

2 Rassemble le deuxième côté. Répète la démarche précédente. Au besoin, mets du ruban masque pour tenir en attendant que la colle prenne.

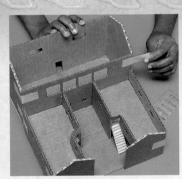

3 Colle les murs B sur les côtés, le mur C derrière et les murs D devant. Colle le portail entre les murs D.

4 Assemble les toits A (x 2) et le toit B. Fixe les supports de toit dessous. Colle le carton ondulé (de la même taille que le toit) sur les côtés du toit.

5 Fixe un petit morceau de carton au-dessus du portail pour le porche. Peins la maison. Prends un pinceau fin pour dessiner des tuiles sur les toits.

LE CONFORT DOMESTIQUE

Dans la Chine impériale, une grande demeure comportait plusieurs pièces pour le maître de céans et sa femme, leurs enfants, les grands-parents et les autres membres de la famille. Il y avait plusieurs cuisines, des logements pour les domestiques et des salons de réception, où les invités dînaient. La maison d'un riche savant possédait sa propre bibliothèque.

On se chauffait au four en terre pendant l'hiver dans le Nord. Les fenêtres étaient en carton ou en toile de chanvre. Les murs étaient carrelés ou décorés de belles tentures en soie. Ils pouvaient être cachés par des paravents. Au début de l'empire, il y avait des tables et des tabourets bas, des urnes et des vases. En Chine du Nord, on dormait sur des plates-formes basses, chauffées (des kang), et le sol était couvert de nattes, de tapis et de coussins.

La fabrication du mobilier a évolué rapidement sous la dynastie des Tang (618-906). D'habiles artisans fabriquèrent des meubles sans se servir de clous. Le bambou était d'un usage courant dans le Sud. Au lieu de s'asseoir à même le sol, on utilisait des tables et des chaises hautes. On fit des meubles élaborés en bois de rose, incrustés d'ivoire ou de nacre, pour les palais impériaux. La plupart des gens avaient des meubles moins précieux, mais parfois aussi beaux.

PORTEUSE DE LUMIÈRE
Cette superbe lampe en bronze doré est tenue par une servante. Elle est datée du Ier siècle av. J.-C. On l'a retrouvée dans la tombe de Liu Sheng, le prince de Jade. À l'époque, on s'éclairait avec des lampes à huile faites en papier, en soie ou en corne.

LA BEAUTÉ DU FOYER
Cette délicate assiette en porcelaine du début du XVIIIe siècle représente une jeune femme appuyée sur une chaise près d'une table. La disposition des livres et des meubles montre l'importance que les Chinois accordent à l'ordre et l'harmonie dans la maison. Les tables et les chaises sont contre les murs. Il n'y a aucun désordre ; les affaires sont soigneusement rangées.

MEUBLES ET ACCESSOIRES
Des tentures richement brodées et des tables sculptées décorent le bureau de ce magistrat chinois (vers 1600). Les maisons aisées et le bureau de personnages importants étaient souvent décorés et meublés luxueusement.

LES JARDINS DE LA TRANQUILLITÉ

Les jardins chinois offraient un havre de paix et de beauté au milieu de l'agitation de la cité. Les feuilles des bambous bruissaient dans le vent. Les fleurs de lotus flottaient avec grâce dans les bassins. La glycine, avec ses grappes de fleurs bleues, entourait les pavillons des jardins. Il y avait des roses, des pivoines et des chrysanthèmes. Des fruits doux, tels les pêches et les lychees, y poussaient aussi.

Lychee

Pêche

UN PARAVENT ORNEMENTAL

Derrière la chaise sculptée se trouve un paravent époustouflant fait au début du XIXᵉ siècle. Il est orné de paysages, d'animaux ainsi que d'oiseaux exotiques, et couvert d'une laque brillante, qui lui donne un aspect lisse, dur et résistant. Les gens aisés possédaient des paravents décorés, alors que les plus pauvres en avaient de plus simples. Ils servaient à garder les pièces fraîches en été et chaudes en hiver.

AU FRAIS !

Cette cruche à vin a plus de 3 000 ans. Elle servait à conserver le vin pour les cérémonies. Elle est en bronze, sans doute pour rafraîchir le vin, ce qui en améliore le bouquet.

L'AIR CONDITIONNÉ

Cette cassette magnifique servait jadis au palais impérial d'été, près de Pékin. On y déposait de la glace pendant la saison chaude pour rafraîchir l'air. Sa surface est incrustée d'or et d'autres matériaux précieux. Sur le couvercle perforé se tient un dragon en bronze doré. La cassette a des pieds en forme de deux silhouettes agenouillées.

VIE DE FAMILLE

D'après Kong Fuzi (Confucius), tout comme l'empereur, qui était le chef de l'État, l'homme le plus âgé était le chef de famille et devait être obéi. En réalité, sa femme dirigeait la maison et régissait souvent la vie quotidienne des autres femmes de la maisonnée. Sous la dynastie des Han (206 av. J.-C. - 220 ap. J.-C.), les femmes de la noblesse restaient à l'écart du monde extérieur. Elles regardaient dans la rue du haut des tours de guet. Ce n'est que sous la dynastie des Song (960-1279) qu'elles reçurent plus de liberté. Dans les foyers pauvres, les femmes s'épuisaient à cultiver la terre ; à faire la cuisine, le ménage et la lessive.

Pour les enfants des familles pauvres, l'éducation se résumait à apprendre ce que faisaient leurs parents, comme transporter les produits au marché, aider à piler le riz et à planter. Chez les riches, il y avait des précepteurs. Les garçons qui espéraient devenir des érudits ou des fonctionnaires apprenaient les maths, les œuvres de Kong Fuzi et à lire ainsi qu'à écrire les caractères chinois.

LA LEÇON DES GARÇONS
Quelques petits Chinois pendant leur cours. Dans la Chine impériale, les garçons recevaient en général plus d'instruction que les filles. Celles-ci apprenaient surtout la musique, le travail manuel, la peinture et les vertus mondaines. Elles pouvaient parfois recevoir un enseignement supérieur, mais elles n'étaient pas autorisées à entrer dans l'administration impériale.

LE BANDAGE DES PIEDS
Si ce pied paraît charmant dans son joli chausson, il est différent quand il est nu. Au moment où la vie semble devoir s'arranger pour les femmes, une nouvelle coutume se répand : le bandage des pieds. Sous la dynastie des Song, cette pratique courante chez les danseuses gagne les familles nobles et aisées. On bande les pieds des petites filles de cinq ans ; ils finissent par se déformer atrocement et deviennent minuscules.

UN MARIAGE CHINOIS
Une cérémonie de mariage à la fin du XIXᵉ siècle. Dans la Chine impériale, les mariages étaient arrangés par les parents. Les jeunes gens étaient censés se plier au souhait de leurs parents, même s'ils ne se plaisaient pas !

LA BELLE VIE

Une femme noble, sous les Qing, se détend avec ses enfants sur une terrasse (vers 1840). Très fortunée, elle n'a pratiquement rien d'autre à faire qu'à profiter de sa maison et de son jardin. Dans les familles riches, les domestiques faisaient tout le travail : ils cuisinaient, lavaient, repassaient, s'occupaient de l'entretien de la maison. Ils étaient souvent très nombreux et habitaient en général chez leur maître. Ils représentaient une bonne partie de la main d'œuvre dans la Chine impériale. Sous les Ming (1368-1644), environ 9 000 domestiques travaillaient au palais impérial de Pékin !

RESPECT ET HONNEUR

Des enfants s'inclinent respectueusement devant leurs parents (début du XIIᵉ siècle). Confucius a enseigné que l'on devait honorer sa famille, y compris ses ancêtres. Il pensait que cela donnerait une société plus vertueuse et plus disciplinée.

L'EMPEREUR ET SES NOMBREUSES FEMMES

L'empereur Yangdi de la dynastie des Sui (581-618) en promenade avec ses femmes. L'empereur épousait celle qui devenait impératrice, mais il pouvait aussi profiter de la compagnie de ses concubines (femmes secondaires).

L'AGRICULTURE ET LES MOISSONS

Il y a 8 000 ans, la plupart des Chinois vivaient déjà de l'agriculture. Les meilleures terres se trouvent près des grands fleuves, dans le centre et l'est de la Chine, où les crues laissent un limon fertile. Comme aujourd'hui, on cultivait du blé et du millet dans le Nord. Cette région était morcelée en petits lopins. Le riz était cultivé dans le Sud, chaud et humide, où de riches citadins possédaient de vastes domaines. Des poires et des oranges poussaient dans les vergers.

Le thé, qui allait devenir une des plus fameuses exportations de la Chine, commença à être cultivé il y a environ 1 700 ans. On fit pousser le chanvre aussi, pour ses fibres. Vers 500 av. J.-C., le coton fut introduit. Les fermiers élevaient cochons, canards, poulets et oies, tandis que le bœuf et le buffle d'eau servaient au labourage des terres.

Les outils étaient rudimentaires, comme la binette en pierre et le râteau en bois. La charrue avec une lame en fer apparaît vers 600 av. J.-C. D'autre inventions sont découvertes au cours des siècles suivants, y compris la brouette, un marteau à pédale pour monder le grain et un van rotatif.

LES COCHONS, GRANDS FAVORIS

Cette céramique représentant des cochons dans leur porcherie date d'environ 2 000 ans. Facile à nourrir et entièrement consommable, le cochon était un animal de ferme très populaire. Il était élevé à la ville comme à la campagne.

DE NOMBREUSES BOUCHES

Le riz est cultivé depuis longtemps dans les régions les plus humides de la Chine. Le blé et le millet poussent dans des régions plus sèches. Des haricots germés apportaient un important complément de vitamines.

Haricots

Millet

Riz

Blé

THÉS CHINOIS

Dans ce domaine, au début du XIXᵉ siècle, on cueille les délicates feuilles de thé qu'on met dans des paniers. Les Chinois cultivaient le thé autrefois, mais il est devenu très populaire sous la dynastie des Tang (618-906). On cueillait les feuilles, qu'on mettait au soleil ; on les roulait à la main, et on les faisait sécher sur un feu de charbon de bois.

TRAVAILLER LA TERRE

Un paysan laboure sa terre avec l'aide de deux robustes bœufs. Cette peinture murale trouvée à Jiayuguan date du Iᵉʳ siècle av. J.-C. Les Chinois auraient commencé à utiliser les bœufs pour labourer vers 1122 av. J.-C.

SE TENIR AU CHAUD

Ce modèle réduit d'une bergerie chinoise date du Iᵉʳ siècle, sous la dynastie des Han. On utilisait la peau des moutons pour avoir chaud, mais les Chinois n'ont jamais fabriqué beaucoup de vêtements ou de couvertures en laine.

LA RÉCOLTE DU RIZ, PRINCIPAL ALIMENT DES CHINOIS

Au début du XVIIᵉ siècle, des paysans arrachent les plants de riz pour le battre et le vanner. Les méthodes de culture étaient en général transmises oralement ou par des manuscrits anciens.

UNE SCÈNE IMMUABLE

Le dos courbé, des paysans repiquent des plants de riz dans les champs inondés du Yunnan, au sud-ouest de la Chine. Cette photographie représente une scène typique de la vie agricole dans le sud-ouest, chaud et humide, du pays, qui n'a pas vraiment changé en quelques siècles.

LA BONNE CUISINE

Les cuisiniers chinois sont parmi les meilleurs du monde et possèdent un savoir-faire élaboré au cours de milliers d'années. Le riz était la base de la plupart des repas dans la Chine ancienne, surtout dans le Sud, où on le cultivait. Au Nord, on se servait de la farine pour faire des nouilles et des petits pains. La nourriture variait beaucoup entre les régions. Le Nord était célèbre pour ses galettes, ses boulettes, ses plats à base d'agneau et de canard. À l'Ouest, le Sichuan était réputé pour ses piments. Les champignons et les pousses de bambou étaient appréciés sur le cours inférieur du Chang Jiang (le Yangtzé). Pour beaucoup de gens, la viande était une rareté. Outre le poulet et le porc, on consommait toutes sortes de poissons. Ces aliments étaient souvent relevés d'ail et de gingembre. Certains mets, en revanche, paraîtront curieux, comme la tortue, le chien, le singe et l'ours. Les plats étaient mijotés, cuits à la vapeur ou frits. L'utilisation des bols et des baguettes remonte à la dynastie des Shang (1600-1122 av. J.-C.).

LE DIEU DE LA CUISINE
Chaque cuisine était ornée d'une représentation sur papier du dieu de la cuisine et de sa femme. Chaque année, le 24e jour du 12e mois, des friandises lui étaient présentées. Puis on brûlait son effigie avant d'en accrocher une autre pour le premier jour de l'année.

UN BANQUET SOUS LES TANG
Accompagnées de musique et de chants, des dames de la cour des Tang sont attablées. Hommes et femmes mangeaient souvent séparément. Cette peinture date du début du Xe siècle au moment où les tables hautes apparaissent en Chine. Les convives portent leurs plus beaux atours. L'invité qu'on tient à honorer s'assoit à l'est de l'hôtesse, qui s'assoit face au sud. Le plus grand des honneurs était d'être invité à dîner avec l'empereur.

LA SOUPE AUX HARICOTS
Matériel : verre doseur, balance, casserole et couvercle, cuillère en bois, mixer, tamis, bols, 225 g de adsuki (petits haricots rouges), 3 cl de cacahuètes, 4 cl de petit riz, eau froide, clémentine, 175 g de sucre.

1 Pèse les haricots avec la balance. Ajoute le petit riz et les cacahuètes. Mesure un litre d'eau froide avec le verre doseur.

2 Lave et égoutte les haricots et le riz. Mets-les dans un bol. Ajoute l'eau froide. Laisse tremper la nuit. N'égoutte pas l'eau.

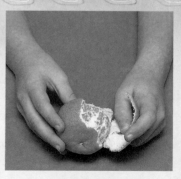

3 Lave et sèche la clémentine. Puis pèle la peau en formant un seul ruban. Laisse sécher la peau pendant la nuit.

UN GOÛT INIMITABLE

Haché, écrasé, mariné ou entier, l'ail parfume les plats et les sauces des Chinois depuis des millénaires. Le gingembre est également fort apprécié. Le piment frais sert à relever le goût, tandis que le sésame s'utilise sous forme de pâte, d'huile et de graines.

Sésame

Racine de gingembre

BRONZE SHANG POUR LES FESTIVITÉS

Cette marmite en bronze à trois pieds date de la dynastie des Shang (1600-1122 av. J.-C.) Sa couleur verte vient de l'exposition du métal à l'air depuis 3 500 ans. Sous le règne des Shang, les forgerons ont fabriqué beaucoup de récipients en bronze, y compris des marmites et des cruches à vin. Ils servaient pour les fêtes données en l'honneur des ancêtres.

CHEZ LE BOUCHER

Cette pierre gravée (ci-contre) représente des fermiers abattant du bétail vers 50 av. J.-C. Dans la Chine ancienne, les cuisiniers découpaient la viande avec des couperets de forme carrée. Puis on la parfumait avec du vin et des épices avant de la faire mijoter à feu ouvert.

La plupart des paysans avaient une nourriture simple. La soupe de haricots rouges avec du riz composait un repas normal. On ajoutait souvent des herbes et des épices pour rehausser le goût.

4 Mets les haricots et le riz trempés (plus le liquide de trempage) dans une grande casserole. Ajoute la pelure de clémentine et 1/2 litre d'eau.

5 Fais bouillir. Réduis la chaleur, couvre et laisser mijoter pendant 2 heures. Remue de temps à autre. Si le liquide s'évapore, rajoutes-en.

6 Pèse le sucre. Quand les haricots sont juste recouverts d'eau, ajoute le sucre. Laisse mijoter jusqu'à ce que le sucre ait bien fondu.

7 Remue et jette la peau de la clémentine. Laisse refroidir et mixe. Filtre le mélange au tamis. Verse dans des bols.

MARCHÉS ET COMMERCE

Les premiers marchands chinois troquaient les produits, mais en 1600 av. J.-C., on a trouvé plus simple d'utiliser une monnaie, comme des coquillages, pour vendre et acheter. Les premières pièces de métal datent d'environ 750 av. J.-C. Elles avaient alors la forme de couteaux et de lances. Les pièces rondes sont introduites sous Qin Shi Huangdi, le premier empereur. Elles avaient un trou au milieu pour qu'on puisse les enfiler sur une ficelle. Le premier papier monnaie du monde est apparu en Chine vers 900 av. J.-C.

Il y avait un marché dans chaque ville chinoise. On y vendait fruits, légumes, riz, farine, œufs et volaille, de même que tissus, remèdes et vaisselle. Dans Chang'an (Xian), la capitale des Tang, le commerce se limitait à deux larges secteurs : le marché de l'Ouest et le marché de l'Est. Ainsi, les fonctionnaires pouvaient surveiller les prix et le commerce.

LE COMMERCE CHINOIS

Les marchandises changeaient souvent de mains sur la route de la soie, entre la Chine et l'Europe, et le commerce se faisait dans les deux sens. La porcelaine, le thé et la soie voyageaient vers l'ouest. L'argent, l'or et les pierres précieuses du Centre et de l'Asie du Sud retournaient en Chine.

Soie brute

Thé chinois

CULTURES DE RENTE

Sur cette représentation européenne, le thé est foulé dans des coffres. Le travail se fait dans des conditions pénibles. Pendant des années, la Chine faisait du commerce avec les Indes et l'Arabie. Au début du XVIe siècle, elle a engagé des relations commerciales régulières avec l'Europe. Au début du XIXe siècle, elle produisait 90 % du thé mondial.

UN TAMBOUR CHINOIS

Matériel : gros rouleau de ruban masque, crayon, papier Canson crème, carton dur, ciseaux, colle et brosse, papier Canson gris de 2,5 cm x 30 cm, fil, règle, aiguille, bambou, peinture (rouge, vert et noir), gobelet d'eau, pinceau, 2 perles colorées.

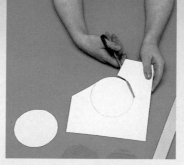

1 Avec l'extérieur du rouleau de papier, dessine 2 cercles sur le papier crème. Avec l'intérieur, dessine 2 cercles plus petits sur le carton. Découpe.

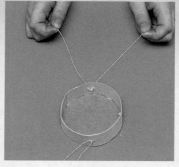

2 Colle une bande grise autour d'un cercle en carton. Fais 2 trous de chaque côté de la bande et passe 2 fils de 20 cm. Fais un nœud.

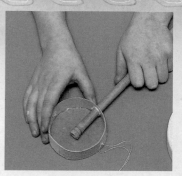

3 Avec les ciseaux, fais un trou sur le côté de la bande et passe la baguette de bambou. Colle la baguette avec du papier collant.

LA ROUTE DE LA SOIE

La route de la soie s'est développée sous les Han. C'est une grande route commerciale qui s'étend sur 11 000 km, depuis Chang'an (Xian), à travers le Yumen et les oasis de Kasghar, jusqu'en Perse et aux rives de la Méditerranée. Les marchands transportaient du thé, de la soie et d'autres produits d'un comptoir commercial à un autre.

DES CONTRÉES LOINTAINES

Un marchand étranger à dos de chameau sous les Tang. À l'époque, le commerce international de la Chine a connu un rapide essor. Mais il était effectué en grande partie par des commerçants étrangers, notamment des Arméniens, des Juifs et des Perses. Ceux-ci faisaient des échanges sur la route de la soie et rapportaient des produits à la cour des Tang.

ACHETEURS ET VENDEURS

Un marché chinois typique vers l'an 1100. Ce dessin, trouvé dans un rouleau de l'époque des Song, pourrait représenter le marché de la capitale, Kaifeng, au moment des festivités de la nouvelle année.

Fais tourner le manche pour faire cliqueter les petites boules. Dans le vacarme du marché, un marchand pouvait agiter ce genre de petit tambour à boules pour attirer l'attention des passants et racoler la clientèle.

4 Colle la baguette avec du papier collant sur le haut du tambour. Prends le deuxième petit cercle et colle-le pour refermer le tambour.

5 Dessine des motifs de ton choix sur les 2 cercles en papier Canson crème. Découpe une bordure décorative. Peins-la et laisse sécher.

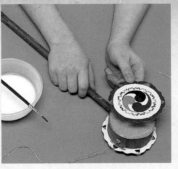

6 Peins le bambou en rouge et laisse sécher. Quand c'est sec, colle les 2 cercles décorés sur les 2 cercles plus petits.

7 Enfile les 2 perles. Le fil doit être assez long pour que les boules viennent frapper le milieu du tambour. Fais un nœud et coupe ce qui dépasse.

Sciences et médecine

Dès les débuts de l'empire, les savants chinois ont publié des traités de médecine, d'astronomie et de mathématiques. La médecine chinoise suit une démarche comparable aux principes du taoïsme : il s'agit de faire fonctionner le corps dans l'harmonie. On étudie les effets de divers végétaux et parties animales, puis on fabrique des remèdes. L'acupuncture, qui consiste à piquer le corps avec de fines aiguilles, remonte à 2700 av. J.-C. Elle est censée libérer les flux d'énergie et soulager la douleur.

Les Chinois sont également d'excellents mathématiciens et, dès 300 av. J.-C., ils ont utilisé un système décimal basé sur les dizaines. Ils ont peut-être inventé le boulier, une ancienne forme de calculatrice. Vers 3000 av. J.-C., les astronomes chinois ont gravé dans la pierre une carte détaillée du ciel. Plus tard, ils ont été les premiers à observer les taches solaires et les comètes.

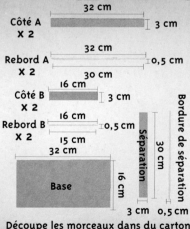

MAUX NOUVEAUX, REMÈDES ANCIENS

Un pharmacien pèse un remède traditionnel. Des centaines de produits utilisés en Chine aujourd'hui remontent aux temps anciens. Plusieurs remèdes à base de plantes ont été reconnus par la science. D'autres sont de moindre valeur, mais continuent de se vendre dans les rues.

POINTS DE STIMULATION

Les acupuncteurs utilisent une carte (ci-dessus) indiquant les endroits précis où poser les aiguilles. Le *qi* (énergie) vital est censé circuler dans le corps par douze méridiens. On jugeait la santé du patient en prenant son pouls. L'acupuncture chinoise est aujourd'hui pratiquée dans le monde entier.

Un boulier

Matériel : carton dur marron et carton fin gris, papier Canson, règle, crayon, ciseaux, colle à bois et brosse, ruban masque, pâte à modeler séchant à l'air, planche à découper, spatule, 11 baguettes de 30 cm x 0,5 cm, pinceau, gobelet d'eau, peinture marron.

Côté A X 2 — 32 cm, 3 cm
Rebord A X 2 — 32 cm, 0,5 cm
Côté B X 2 — 30 cm, 16 cm, 3 cm
Rebord B X 2 — 16 cm, 0,5 cm
— 15 cm, 32 cm
Base — 16 cm
Séparation / **Bordure de séparation** — 30 cm, 3 cm, 0,5 cm

Découpe les morceaux dans du carton marron dur et du carton gris mince.

1 Colle les côtés A et B sur la base. Renforce au papier masque en attendant que ça sèche. Puis colle les rebords A et B en haut des côtés.

2 Avec la pâte, forme un boudin de 2 cm de diamètre. Découpe-le en 77 petites rondelles. Fais un trou au centre de chaque perle.

UN GUÉRISSEUR COLPORTE SES PRODUITS

Cette représentation européenne de la médecine chinoise date de 1843. On y voit des serpents et de multiples potions vendues dans la rue. Le guérisseur parle à la foule de cures miraculeuses.

CHALEUR CURATIVE

Sous la dynastie des Song, un docteur de campagne soigne son patient par les techniques traditionnelles. Pour soulager la douleur, il chauffait certaines parties du corps avec les feuilles brûlantes d'une plante, le *moxa* (l'armoise commune).

LA SANTÉ PAR LES PLANTES

Racines, graines, feuilles et fleurs ont été utilisées par la médecine chinoise pendant plus de 2 000 ans. Aujourd'hui, neuf remèdes chinois sur dix sont à base de plantes. L'igname chinois sert à soigner la fatigue. La racine de ginseng traite les vertiges, alors que le bois de mûrier fait baisser la tension.

Igname chinois

Racine de ginseng

Le boulier est une ancienne machine à calculer. Grâce à lui, les mathématiciens et les marchands chinois pouvaient effectuer très rapidement des calculs très compliqués.

3 Fais 11 trous régulièrement espacés dans la séparation. Borde un côté de papier Canson. Glisse une baguette dans chaque trou. Laisse sécher.

4 Enfile 7 perles sur chaque baguette : 2 au-dessus de la séparation, 5 en dessous. Installe les baguettes et les perles à l'intérieur du cadre.

5 Chaque boule supérieure égale 5 boules inférieures de la même colonne. Chaque boule inférieure vaut 10 fois celle du bas de la colonne de droite.

6 Voici une addition simple. Pour calculer 5 + 3, abaisse une boule d'en haut (égale 5), puis 3 d'en bas sur la même colonne (3 x 1).

LES GRANDS TRAVAUX

La construction de la Grande Muraille dans l'ancienne Chine est une réalisation étonnante. On l'appelait Wan Li Chang Cheng, ou la muraille des Dix Mille Li (une unité de longueur). La partie principale de la Grande Muraille faisait 4 000 km. Les travaux ont commencé autour de l'an 400 av. J.-C. et duré jusqu'au début du xvie siècle. Elle devait protéger les frontières de la Chine contre les farouches tribus du Nord. À plusieurs reprises, les envahisseurs mongols ont franchi ce rempart. Toutefois, la Grande Muraille était une voie de communication fort utile car elle étendait très loin la domination de l'empire chinois.

Le Grand Canal est un autre ouvrage impressionnant. Entrepris au ve siècle av. J.-C., il fut réalisé principalement sous les Sui (581-618). Il devait relier le nord de la Chine avec les régions où poussent le riz, dans le Sud, via le Chang Jiang (Yangtzé). Il sert toujours pour aller vers le nord, de Hangzhou à Pékin, ce qui couvre une distance de 1 794 km. D'autres grands travaux ont été faits par des ingénieurs des mines ; ils construisaient déjà des puits miniers profonds, avec un système de drainage et de ventilation vers 160 av. J.-C.

DANS LES MINES DE SEL
Les ouvriers extraient et purifient le sel provenant d'une mine souterraine. À l'intérieur d'une tour (en bas, à gauche), des ouvriers remontent des paniers remplis de sel à l'aide d'une poulie. Dessin d'un bas-relief provenant d'une tombe han, dans la province du Sichuan.

LE TRAVAIL À LA MINE
Un fonctionnaire qing visite une mine de charbon à ciel ouvert au début du xixe siècle. La Chine a peut-être été le premier pays à extraire le charbon pour en faire un combustible. Le charbon a sans doute été découvert vers le iie siècle av. J.-C., dans l'actuelle province de Jiangsi. D'autres mines exploitent des métaux et des minéraux précieux, nécessaires pour un grand empire. Sous les Han, les ingénieurs ont inventé des méthodes de forage pour extraire l'eau salée du sol. Ils ont utilisé aussi des tours de forage pour maintenir une foreuse métallique plus de 1 800 ans avant ceux du reste du monde.

UN LABEUR PÉNIBLE

Les paysans creusent les routes avec leur bêche. La Chine impériale a effectué ses grands travaux de construction sans l'outillage dont nous disposons aujourd'hui. Pour les grands projets, la main d'œuvre pouvait se chiffrer par centaines de milliers de travailleurs. Les conditions de travail et le climat causaient beaucoup de morts.

LA CONSTRUCTION DE LA GRANDE MURAILLE

La Grande Muraille serpente sur la crête des montagnes à Badaling, au nord-ouest de Pékin. La Grande Muraille et le Grand Canal ont été construits par des millions d'ouvriers. Tous les hommes de 23 à 56 ans devaient s'y consacrer un mois par an. Seuls les nobles et les fonctionnaires en étaient exemptés.

LA GRANDE INAUGURATION

Sur cette peinture du début du XVIIIe siècle, on voit l'inauguration du premier tronçon du Grand Canal par l'empereur Yangdi des Sui. La majeure partie a été exécutée entre 605 et 609. Une route a été aménagée le long du canal. Le réseau des transports, construit sous les Sui (561-618), permettait à la nourriture et à d'autres marchandises de circuler d'une région à l'autre.

LA CITÉ AUX MILLE PONTS

La cité de Suzhou, décrite par Marco Polo au début du XIIIe siècle, aurait eu 6 000 ponts. Le pont de Baodaï (ci-dessus) en fait partie. Il est constitué de 53 arches et a été construit entre 618 et 906 par-dessus le Grand Canal.

LES INVENTIONS CÉLÈBRES

Quand on passe dans une rue commerçante d'une ville moderne, il est difficile de ne pas voir un objet inventé en Chine il y a longtemps. Mots imprimés sur le papier, foulards de soie, parapluies, serrures et clés sont autant d'innovations chinoises. Au fil des siècles, l'ingéniosité et l'habileté des Chinois ont changé le monde où nous vivons.

Un « séismoscope » est un instrument fort utile dans un pays où se produisent des tremblements de terre, comme la Chine. Inventé en 132 par le savant chinois Zhang Heng, il pouvait enregistrer la direction d'un séisme même lointain. La boussole est une autre invention capitale. Au cours du Ier siècle, les Chinois ont découvert que la magnétite (un minerai de fer) pouvait indiquer le nord, et ils ont réussi à magnétiser des aiguilles. Vers l'an 1000, ils ont établi la différence entre le vrai nord et le nord magnétique, et ont utilisé des boussoles pour la navigation.

La poudre est aussi une invention chinoise datant de 850 environ. Au début, elle servait à casser les rochers et à fabriquer des feux d'artifice. Plus tard, elle a servi à faire la guerre et à tuer beaucoup de gens.

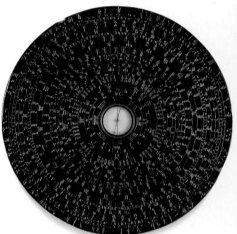

L'AMIE DU MARIN
La boussole est une invention chinoise du Ier siècle. Au début, elle servait à s'assurer que les maisons neuves étaient orientées dans une direction en harmonie avec la nature. Plus tard, elle a servi à établir les traversées au long cours et à aider les marins.

L'OMBRE ET L'ABRI
Une femme qing s'abrite sous une ombrelle pour protéger sa peau. Les Chinois ont inventé l'ombrelle il y a 1 600 ans, et elle s'est répandue dans toute l'Asie. Elle est devenue un symbole de haut rang pour les hommes et les femmes.

UNE BROUETTE
Matériel : carton, règle, crayon, ciseaux, compas, bandes de balsa de 0,5 cm d'épaisseur, colle et brosse, pinceau, peinture (noir et marron), gobelet d'eau, baguette de 3,5 cm x 0,5 cm, 4 rondelles en caoutchouc de 2 cm de diamètre.

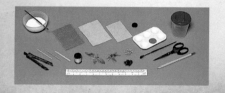

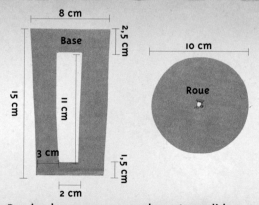

Dessine les morceaux sur du carton solide. Dessine la roue avec le compas. Découpe avec des ciseaux.

1 Découpe des bandes de balsa de 7 cm et 8 cm, et 2 de 26 cm. Colle celles de 7 cm et 8 cm sur les côtés de la base. Colle celles de 26 cm sur les longueurs.

LE CHEF D'ŒUVRE DE SU SONG

Cette machine fantastique est une tour d'horloge qui donne l'heure, carillonne et suit le mouvement des planètes autour du Soleil. Elle a été créée par Su Song, un fonctionnaire de la cité de Kaifeng, en 1092. Elle fonctionne avec un mécanisme à échappement, qui règle le mouvement de l'horloge. Ce système a été inventé au début du VIIIᵉ siècle par Yi Xing, un inventeur chinois.

TREMBLEMENT DE TERRE

Cet objet décoratif est le « séismoscope », du savant Zhang Heng. Quand il y avait un tremblement de terre, un des dragons lâchait une boule qui tombait dans la bouche d'un crapaud. Cela indiquait d'où venait les vibrations. D'après les annales, l'instrument a détecté en l'an 138 un tremblement qui était situé à 500 km.

SUR UNE SEULE ROUE

Vers le début du IIᵉ siècle, les Chinois ont inventé la brouette. Puis ils ont conçu un modèle avec une grosse roue centrale qui pouvait porter des poids importants. Ce véhicule est devenu une forme de transport.

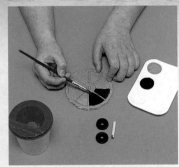

La brouette était utilisée par les fermiers et les jardiniers ; les marchands y transportaient leurs produits jusqu'au marché, puis s'en servaient d'étal. Ils vendaient diverses marchandises telles que grains, graines, plantes et herbes séchées.

2 Retourne la base. Découpe 2 morceaux de 2 cm x 1 cm dans le carton. Fais un trou au milieu, pour l'axe de la roue. Colle les morceaux à la base.

3 Avec le compas et un crayon, dessine un cercle autour du centre de la roue et un près du bord. Fais les rayons et peins en noir les interstices.

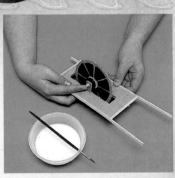

4 Peins la brouette et laisse sécher. Découpe 2 bandes de balsa de 7 cm au bout épointé pour les pieds. Peins en marron. Colle-les sous la brouette.

5 Fixe l'axe entre les supports, avec les 2 rondelles, la roue et encore 2 rondelles. Enduis de colle les bouts de l'axe pour que la roue reste en place.

VESTIGES EN PIERRE

La civilisation chinoise a débuté il y a plus de 5 000 ans, durant la période néolithique (nouvel âge de pierre). La pierre fut l'un des premiers matériaux qu'on a travaillés. On s'en servait pour faire des objets pratiques, comme des meules pour écraser le grain, des outils pour la ferme, et même des ornements.

Les Chinois plaçaient le jade par-dessus toutes les autres matières. Beaucoup de figurines et de statuettes étaient en pierre. Les gens croyaient que le jade avait des propriétés magiques et pouvait préserver de la mort. Sous les Han, le prince Liu Sheng et sa femme, Dou Wan, furent enterrés dans des costumes faits de 2 000 fines plaques de jade et cousues ensemble par du fil d'or.

La propagation du bouddhisme a favorisé la multiplication des statues en pierre géantes. Le Grand Bouddha au-dessus de la ville de Leshan, dans le Sichuan, a été taillé dans le roc au début du VIIIᵉ siècle. Il mesure 70 m de haut et il a fallu 90 ans pour le sculpter. À l'intérieur, un système de drainage ralentit l'érosion de la pierre.

BUFFLE EN JADE
Le buffle d'eau était un animal extrêmement admiré en Chine impériale. Cette sculpture de 43 cm de long a été gravée dans une seule pièce de jade au début du XIVᵉ siècle. Le jade naturel était extrait dans le nord-ouest du pays, dans la région qu'on appelle maintenant Xinjiang.

ÉLÉPHANT EN PIERRE
Cet éléphant est l'une des nombreuses statues animalières qui bordent les sept kilomètres de la voie de l'Esprit. C'est une avenue cérémonielle qui mène aux tombes ming de Shisanling, au nord de Pékin. La statue a été sculptée au début du XVᵉ siècle.

UNE « EXCENTRICITÉ » EN MARBRE
Un vapeur à aubes du Mississippi a servi de modèle à cette demeure de marbre datant des derniers jours du règne de l'impératrice Cixi. Pour construire cette curiosité près de son palais d'été, à Yiheyuan, elle a puisé dans les fonds destinés à la marine.

L'AU-DELÀ

Cette statue de pierre fait partie des nombreuses statues qui gardent les tombes de Shisanling, au nord de Pékin. Yong Li et douze autres empereurs ming ont été enterrés ici à partir du début du XVe siècle. Les statues avaient la forme d'humains et d'animaux. Elles devaient sans doute protéger chaque empereur dans sa vie future.

GRAVÉ DANS LE ROC

Un grand bouddha d'une quinzaine de mètres de haut domine les statues géantes des temples troglodytes du Yungang, situé dans l'actuelle province de Shanxi, dans le nord de la Chine. Les sculptures ont été terminées entre 460 et le début du VIe siècle. Elles occupent au total un kilomètre de façade rocheuse.

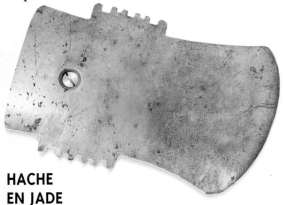

HACHE EN JADE

De simples encoches décorent cette hache en jade de la dynastie des Shang. Le jade est une pierre dure, difficile à travailler. Les premiers artisans n'avaient pas d'outils assez tranchants pour sculpter des motifs plus élaborés.

DISQUES DE JADE

Les *bi* sont de grands disques en jade. Celui-ci mesure environ 27 cm de diamètre. Accrochés à des cordons de soie, ils représentaient le ciel. Ils étaient portés par les prêtres lors des cérémonies, de 2500 av. J.-C. jusqu'à l'époque des Han.

LE TRAVAIL DES MÉTAUX

Les Chinois ont maîtrisé la fabrication des alliages (mélanges de deux métaux ou plus) sous la dynastie des Shang (1600-1122 av. J.-C.) Ils faisaient du bronze en fondant ensemble du cuivre et de l'étain. Chaque métal était extrait de son minerai en fondant ce dernier. On mélangeait neuf fois plus de cuivre que d'étain, puis on chauffait dans un four à charbon de bois. Quand les métaux avaient fondu en se mélangeant, on les faisait couler dans des moules en argile. Le bronze servait à faire des objets, tels que pots de cérémonie, statues, cloches, miroirs, outils et armes.

Vers 600 av. J.-C., les Chinois faisaient fondre le minerai de fer. Ils ont ensuite été les premiers à faire de la fonte en ajoutant du carbone au métal fondu. La fonte est plus résistante que le bronze, et elle a servi à faire des armes, des outils ainsi que des socles de charrue. Au début du XIᵉ siècle, les Chinois extrayaient et travaillaient un grande quantité de fer. Le coke (une sorte de charbon) avait remplacé le charbon de bois dans les fourneaux, qu'on allumait à l'aide de soufflets actionnés par l'eau. Les métallurgistes chinois fabriquaient également de délicats ornements en or et en argent sertis de pierres précieuses.

CISEAUX D'ARGENT

Ces ciseaux en argent prouvent l'existence d'influences étrangères en Chine au début du VIIIᵉ siècle, pendant les belles années de la dynastie des Tang. Le métal est frappé au lieu d'être fondu à la manière chinoise. Il est ensuite décoré dans le style persan, et gravé au poinçon.

GARE AU LION

Ce lion *fo* (bouddhiste) doré garde les chambres du palais impérial de Pékin, la Cité interdite. Il fait partie d'une impressionnante collection de statues en bronze, parmi lesquelles figurent des dragons et des tortues.

UN COLLIER

Matériel : mètre ruban, fil métallique épais et fin, ruban masque, ciseaux, papier d'aluminium, cuillère à café, colle et brosse, fusible.

1 Mesure ton tour de cou avec un mètre ruban. Demande à un adulte de couper du fil métallique d'une fois et demie la longueur. Fais-en un cercle.

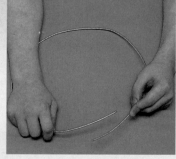

2 Coupe 2 fils métalliques fins. Enroule-les aux extrémités du cercle. Colle du papier au bout du fil. Glisse du fil épais entre les anneaux.

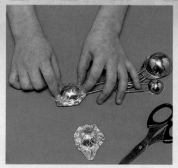

3 Découpe un ovale dans le papier d'aluminium. Fais-en un demi-pendentif en t'aidant d'une cuillère à café. Fais 9 autres demi-pendentifs.

LA PAIX SOIT AVEC VOUS

Le temple de l'Harmonie suprême de la Cité interdite est gardé par cette tortue. Malgré son allure impressionnante, la tortue est un symbole de paix.

LA RICHESSE DES MINERAIS

Les Chinois ont probablement appris à fondre les minerais dans les fourneaux grâce aux fours de potiers. La terre était riche en cuivre, étain et fer, et les Chinois étaient des mineurs très compétents. On importait de grosses quantités de métaux précieux, tels que l'or et l'argent.

Pépite d'or *Minerai d'argent*

DÉCOR PROTECTEUR

Ces clous protecteurs sont en or, incrusté de plumes. Ils ont été portés, au début du XIXᵉ siècle, par l'impératrice douairière Cixi pour protéger les ongles de ses petits doigts, longs de 15 cm.

PHÉNIX D'OR

Les artisans chinois façonnaient ces superbes oiseaux dans de fines feuilles d'or. Le phénix d'Arabie était censé mettre le feu à son nid, et mourir, avant de renaître de ses cendres. Sous les Tang, cette créature mythique est devenue le symbole de l'impératrice chinoise Wu Zetian, parvenue au pouvoir en 660, avant de symboliser d'une façon plus générale toutes les impératrices.

4 Colle 2 demi-pendentifs ensemble en laissant une extrémité ouverte. Glisse des boules d'aluminium après l'ouverture et colle.

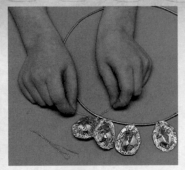

5 Fais de même pour 4 autres pendentifs. Enfile-les sur le fil avec des morceaux de fusible. Laisse un espace entre eux.

Dans la Chine impériale, les gens de toutes les classes sociales portaient des bijoux. Le dessin de ce collier a été copié sur un bracelet porté par un enfant chinois.

PORCELAINE ET LAQUE

Bien que la poterie soit apparue en premier au Japon et en Asie occidentale, on trouve en Chine des objets en terre cuite qui ont plus de 6 000 ans. En 3200 av. J.-C., l'argile était cuite à haute température, à près de 900 °C, dans des fours.

Vers 1400 av. J.-C., les potiers fabriquaient de magnifiques poteries en grès, cuites à des températures beaucoup plus élevées. Elles étaient recouvertes d'un vernis brillant. Plus tard, les Chinois inventèrent la porcelaine ; une poterie d'une extrême délicatesse. Celle-ci devint l'un des principaux produits d'exportation de la Chine vers le reste de l'Asie et l'Europe. En anglais, le mot *china* veut dire « poterie ».

Les Chinois ont été les premiers à faire de la laque. Ce matériau naturel provient du suc suintant d'un arbre qui pousse en Chine, et donne un vernis dur et lisse. À partir de 1300 av. J.-C. environ, on enduisait de laque des surfaces en bois, telles que les poutres, les bols ou les meubles. On pouvait aussi en appliquer sur le cuir et le métal. La laque, grise au naturel, est rendue noire ou rouge à l'aide d'un pigment. On en met plusieurs couches, de sorte qu'on peut la graver ou l'incruster de nacre.

L'ÉMAIL
Des artisans de la dynastie des Ming ont fabriqué ce flacon décoré. Il est recouvert d'une matière vitreuse, sertie d'un mince fil de métal. Cette technique, appelée « cloisonné », vient de Perse.

L'HISTOIRE DE LA CHINE SUR « GRAND ÉCRAN »
Ce magnifique paravent laqué du début du XVIIᵉ siècle représente un groupe de marchands portugais de passage en Chine. Les commerçants européens ayant commencé à faire des affaires dans les ports de la Chine du Sud, l'Europe découvrit alors l'artisanat chinois.

UN VASE À FLEURS
Ce joli vase ming est recouvert de plusieurs couches de laque rouge. Cette couleur est obtenue grâce à un colorant d'origine minérale appelé cinabre. Il fallait des heures pour passer et laisser sécher la laque avant de graver les pivoines, une fleur très populaire en Chine.

LES POISSONS

Des poissons décorent le rebord de cette précieuse assiette en porcelaine. Elle a été faite sous le règne de l'empereur Yongzheng de la dynastie des Qing (1722-1736), époque fameuse pour son élégance. Elle est décorée d'émaux. La porcelaine est faite d'une argile très fine, le kaolin, et d'une matière minérale, le feldspath, qui sont chauffés à très haute température.

UNE CARAFE DE VIN

Un potier chinois inconnu a fabriqué cette superbe cruche à vin il y a un millénaire. Elle a été cuite à une température tellement élevée qu'on croirait du grès. Elle est recouverte d'un vernis gris vert, le céladon.

PRESQUE VIVANTS

Un comédien de l'époque des Ming sourit au public. On a retrouvé dans les tombes toutes sortes de poteries ming. Les potiers ont représenté des marchands, des musiciens, des dames de la cour et des animaux. Certains sont drôles ; d'autres, magnifiques.

BLEU INTENSE, BLANC PUR

Ces vases bleu et blanc sont typiques de la fin des Ming (1368-1644). Au début du XVIIe siècle, beaucoup furent exportés en Europe. Ils provenaient, en grande partie, des poteries impériales de Jingdezhen, dans la province de Jiangxi, dans le Nord. Ces ateliers ont été créés en 1369, la région ayant des réserves de la meilleure argile. Les plus belles poteries ont été fabriquées à cet endroit entre le XVe et le XVIe siècle.

LE SECRET DE LA SOIE

Pendant des années, les Chinois ont tenté d'empêcher les étrangers de découvrir le secret de fabrication de leur produit d'exportation le plus apprécié : si (la soie). Avec ses couleurs chatoyantes et la douceur de son toucher, c'était une merveille. D'autres pays, comme l'Inde, ont réussi à percer le secret, mais la Chine est restée le maître incontesté dans la production de la soie.

La fabrication de la soie remonte probablement à la fin de l'âge de la pierre en Chine (de 8000 à 2500 av. J.-C.). D'après la légende, la soie fut inventée par l'impératrice Lei Zu, vers 2640 av. J.-C. On garde le ver à soie (la chenille d'un bombyx) sur un plateau et on le nourrit de feuilles du mûrier blanc. Les larves tissent un cocon de fins filaments très solides. On plonge les cocons dans de l'eau bouillante pour séparer les filaments, qu'on enroule après sur des bobines. Un filament de soie peut atteindre 1200 mètres de long. Plusieurs filaments sont filés ensemble pour faire le fil, qu'on tisse ensuite sur un métier. Les Chinois faisaient de merveilleuses choses en soie. Ils ont appris à tisser des gazes fragiles et de riches brocarts, puis ils ont tissé des motifs élaborés en couleur dans l'étoffe, un style appelé *ke si*, ou soie ciselée.

PRÉPARER LE FIL

À la fin du XVIIIᵉ siècle, une jeune femme enroule le fil de soie sur des bobines. On pouvait tordre ensemble 30 filaments de soie pour faire du fil à tisser. Les Chinois inventèrent un matériel ingénieux pour filer la soie. Ils ont également fabriqué des métiers à tisser de grande largeur. On estime qu'au début du XVIIᵉ siècle, la ville de Nankin possédait 50 000 métiers.

CHARGEZ CES BALLES !

Les employés d'une soierie chinoise, vers 1840, transportent des soieries sur la jetée. Les étoffes vont être transportées en ville, pour les besoins d'une dame de la cour, ou bien elles seront exportées vers l'étranger. L'industrie de la soie en Chine a atteint le sommet de sa prospérité au milieu du XIXᵉ siècle.

LE DRAGON DANS LE DOS DE L'EMPEREUR

Un dragon rouge couvert d'écailles traverse une mer de soie jaune. Le dragon est brodé sur la robe d'un empereur qing. Les habits somptueux fabriqués pour la cour impériale de cette époque sont considérés comme des chefs-d'œuvre.

DÉVIDER LA SOIE

Dans cet atelier du début du XVIIe siècle, on prépare la soie. Les employées prennent les filaments des cocons et les enroulent sur une bobine. Traditionnellement, les principales régions de production de la Chine impériale étaient les provinces de Zhejiang et de Jiangsu. La soie était produite aussi dans le Sichuan, à l'Ouest.

MÛRIERS MAGIQUES

Des travailleurs de la dynastie des Han remplissent de grands paniers de feuilles de mûriers destinées à nourrir les vers à soie. Ce travail existe depuis plus de 2 000 ans. Le ver à soie est la larve (la chenille) du bombyx du mûrier. Il ne mange qu'une certaine sorte de végétal avant de commencer à tisser son cocon.

FABRIQUER LA SOIE

L'élevage des vers à soie s'appelle la sériciculture. Cela peut devenir une affaire compliquée, car les chenilles doivent bénéficier d'une température constante pendant un mois avant de commencer à tisser leur cocon.

Bombyx du mûrier, adulte et cocons

Larve du bombyx

HABITS ET PARURES

Les paysans chinois portaient des vêtements simples, faits dans des matériaux de base. C'étaient surtout des tuniques en coton sur des pantalons vagues, avec des sandales en jonc ou en paille. Dans le Sud, des chapeaux de forme conique, à large bord, permettaient de s'abriter de la pluie et du soleil. Dans le Nord, des chapeaux en fourrure, des vestes en peau de mouton et rembourrée protégeaient du froid. Les riches s'habillaient avec plus de recherche. Le style et même la couleur de la robe étaient réglementés et indiquaient le statut social. Les marchands, par exemple, n'étaient pas autorisés à porter de la soie. Seuls les empereurs pouvaient porter du jaune, ou un habit officiel agrémenté d'un dragon. Le vêtement de cour a beaucoup varié à travers les âges. Les invasions ont apporté des modes nouvelles. Sous les Mandchous, qui ont régné avec la dynastie des Qing à partir de 1644, les hommes avaient une longue tresse dans le dos.

LES HABITS DE L'EMPEREUR
Cette belle robe impériale faite de soies lourdes date du début du XIXᵉ siècle. Les manches étroites aux poignets en forme de sabot de cheval sont typiques sous les Qing.

PENDENTIF AVEC SINGE
Les riches portaient souvent des bijoux merveilleusement ouvragés. Ce superbe pendentif, du début du VIIIᵉ siècle, a pu appartenir à un homme ou à une femme. Il est en jade blanc incrusté dans un cadre de bronze doré.

ATTACHEZ VOS CEINTURES
Les crochets et les boucles de ceinture, en bronze, constituaient une partie essentielle de l'habillement des nobles.

UN ÉVENTAIL

Matériel : ruban masque, papier de soie rouge, carton dur, règle, crayon, compas, peinture (rose, bleu clair, crème, vert clair) pinceau fin, eau, ciseaux, 15 bandes de balsa de 16 cm x 1,5 cm, baguettes, colle et brosse, papier Canson.

1 Colle le papier de soie sur la base. Plante le compas à 1 cm du bord et dessine un demi-cercle de 16 cm de rayon et un autre de 7 cm.

2 Place un bout de la règle sur le trou et marque le point au crayon. Fais des traits réguliers tous les centimètres entre les deux demi-cercles.

3 Dessine ton motif sur le papier. Peins les détails. Laisse sécher. Retire le papier de la base. Découpe l'éventail en suivant les demi-cercles.

HABIT OFFICIEL

Un fonctionnaire bien vêtu agite son éventail. Les fonctionnaires chinois portaient des habits élégants, qui marquaient leur rang. Cette peinture a été effectuée par un artiste européen au début du XIXe siècle. Le fonctionnaire porte un habit d'été, composé d'une longue tunique à manches étroites, de pantoufles et d'un chapeau à larges bords.

DAMES DE LA COUR

Ces dames tang ont l'élégance du début du VIIIe siècle. Les nobles de l'époque s'habillaient de soie, et le costume de la cour comprenait des robes, des jupes longues, et des ceintures en tissu. De magnifiques décors, avec des motifs très colorés au tracé élaboré, ornaient souvent les vêtements.

Chaussures de femmes

DU STYLE

Au fil du temps, toutes sortes d'accessoires ont été intégrés au costume chinois : ombrelles, éventails, boucles, chapeaux. De petites chaussures de cuir bordées de soie étaient portées par les femmes nobles.

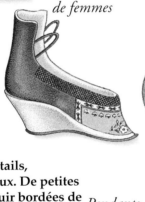

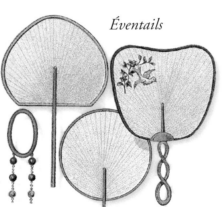

Éventails

Pendants d'oreilles

Les premiers éventails chinois étaient en plumes ou en soie tendue sur un cadre plat. Vers le XIe siècle, des éventails pliables ont été introduits en Chine, en provenance sans doute du Japon.

4 Avec les ciseaux, retire 0,5 cm de chaque côté sur la moitié de chaque bande de balsa. Fais un trou avec le compas au bout de chaque bande.

5 Empile les bandes. Passe une baguette dans les trous. Elle doit être assez longue pour traverser le tout et se replier. Les bandes doivent pouvoir bouger.

6 Plie le papier en accordéon. Colle un pli sur 2 sur la partie étroite du balsa, comme ci-dessus.

7 Peins en rose le haut des bandes de balsa. Découpe des petits disques en carton. Colle-les au bout de la baguette pour bien tenir les bandes.

L'ART CHINOIS

Dans la Chine impériale, la peinture passait pour être le plus précieux des beaux-arts. Cette activité était censée être une marque de civilisation et un agréable passe-temps pour les savants et les empereurs. La peinture était basée sur les mêmes idées d'harmonie et de simplicité que le taoïsme et le bouddhisme. On en trouvait sur les rouleaux de soie et de papier, sur les murs, sur les paravents ainsi que sur les éventails. Selon les périodes, les sujets représentaient les montagnes et les rivières dans la brume du sud de la Chine, ainsi que des paysages, animés par la présence d'une unique silhouette humaine. Les artistes peignaient aussi des oiseaux, des animaux et des plantes, tels que bambous et lotus.

Parfois, quelques coups de pinceaux suffisaient à capter l'esprit du sujet. La calligraphie jouait souvent un rôle important sous la forme d'un poème dans le tableau. Les artistes faisaient aussi de la gravure sur bois. On lui accordait moins de valeur qu'à la peinture, mais sous les Ming (1368-1644), on a fait de très belles gravures sur bois.

SYMBOLES DE LA SAGESSE
Pour les Chinois, le dragon incarnait la sagesse, la force et la bonté. Sur ce sceau en ivoire, qui a appartenu à un empereur ming, un dragon garde la perle de la sagesse.

FENÊTRE SUR LE PASSÉ
Un cortège royal avance lentement vers les montagnes. Ce détail provient d'une peinture sur soie du grand maître Li Sixun (651-716). Beaucoup de peintures de l'époque tang représentent la vie à la cour et des cortèges princiers. Elles nous donnent un aperçu sur la vie de l'époque. Ces peintures nous montrent aussi ce que les gens portaient et comment ils voyageaient.

OMBRES CHINOISES
Matériel : feuille de couleur format A4, crayon, règle, ciseaux.

1 Pose une feuille de papier de couleur sur une surface dure. Plie-la exactement en deux. Appuie bien sur la pliure, comme ci-dessus.

2 Dessine un motif de style chinois. Les silhouettes doivent se rejoindre à la pliure. Décalque ton dessin pour pouvoir le réutiliser.

3 Dans le papier plié, découpe les silhouettes. Ne coupe surtout pas le long de la pliure. Découpe les endroits que tu veux évider entre les formes.

AU GALOP !

Les artistes chinois admiraient les chevaux et cherchaient volontiers à fixer sur la toile le mouvement ainsi que la puissance de l'animal. Cette peinture murale a été retrouvée dans une tombe han.

PEINDRE LA NATURE

La brume du matin flotte à l'arrière-plan de la montagne. Ce détail provient d'un chef-d'œuvre de Qiu Ying (1494-1552) qui s'inspirait des forêts et des paysages de montagne de sa terre natale. Qiu Ying était un artiste réputé et bien payé.

L'ART DE LA PORCELAINE

Les artisans chinois étaient aussi de grands artistes. Cette cruche à vin en porcelaine bleu et blanc du début du XVIIᵉ siècle représente un canard mandarin, dont les détails ont été peints à la main. La porcelaine bleu et blanc a été très répandue sous la dynastie des Ming.

PRINTEMPS DE CHINE

Une aquarelle du début du XIXᵉ siècle montre des fleurs de pêchers qui viennent d'éclore. La peinture est réaliste, naïve et pleine de fraîcheur. Cette approche est très courante dans l'art chinois.

4 Ouvre ton dessin. Pour ajouter des détails complémentaires, replie le papier. Indique les détails à découper le long de la pliure.

5 Découpe minutieusement les détails sur la pliure. Les détails seront reproduits exactement de l'autre côté de la pliure.

Déplie avec soin ton pliage. Expose-le en le collant sur un carreau pour que la lumière passe à travers. En Chine, les découpages sont des porte-bonheur.

LE MOT ÉCRIT

Le chinois s'écrit à l'aide de symboles appelés des caractères, qui symbolisent des sons et des mots. Ils ont évolué au cours des âges. Un dictionnaire publié en 1716 en recense 40 000. Chaque caractère était écrit à la main, à l'aide de 11 coups de pinceau de base. La peinture de ces superbes caractères s'appelle la calligraphie, et a toujours été considérée comme une forme d'art.

Les Chinois ont commencé à utiliser des blocs en bois pour l'imprimerie vers 1600 av. J.-C. Auparavant, on écrivait à la main sur des lamelles de bambou. Les anciens écrivains ont laissé toutes sortes de manuels et d'encyclopédies. La poésie est apparue il y a environ 3 000 ans. Ce sont les Chinois qui ont inventé le papier il y a près de 2 000 ans. On déchiquetait du tissu ou de l'écorce qu'on réduisait en pâte et qu'on faisait sécher sur des cadres. Une forme mobile a été inventée vers 1040. Au XVIᵉ siècle, des contes folkloriques tels que *le Bord de l'eau* ont été publiés et, au XVIIᵉ, l'écrivain Cao Xuequin a écrit le plus grand roman chinois, *le Rêve dans le pavillon rouge*.

MESSAGES MAGIQUES

Le plus ancien écrit chinois figure sur des os d'animaux. Ils servaient à dire l'avenir (vers 1200 av. J.-C.). Le texte est composé de petites images représentant des objets ou des idées. L'écriture moderne comporte un ensemble de traits.

L'ART DE LA CALLIGRAPHIE

Ce texte a été écrit à la main sous la dynastie des Tang (618-906). L'écriture chinoise se lit de haut en bas et de droite à gauche, en commençant en haut à droite.

DES BLOCS D'IMPRIMERIE

Matériel : papier blanc, crayon, peinture, pinceau chinois doux ou pinceau fin, gobelet d'eau, papier-calque, planchette, pâte à modeler sèchant à l'air (15 cm x 20 cm, épaisseur : 2,5 cm), spatule, colle à bois, encre d'imprimerie, chiffon humide.

1 Recopie ou dessine les caractères du tampon inversé (page ci-contre). Commence par un trait au crayon avant de peindre. Laisse sécher.

2 Recopie sur le papier calque. Retourne le papier. Pose-le sur la pâte. Gribouille l'envers du papier pour laisser l'image dans la pâte.

3 Grave les caractères avec une spatule . Découpe la pâte autour des caractères pour obtenir un motif en relief. Lisse la pâte de la base avec les doigts.

RIEN DE MIEUX POUR ÉCRIRE

Vers 1840, un calligraphe s'apprête à écrire entouré de ses assistants. Le pinceau doit rester bien droit. Le poignet ne repose jamais sur la table. Il faut des années de pratique et d'étude pour obtenir un bon résultat.

ENCRES ET COULEURS

Peintures à l'eau et encres comportent des pigments végétaux et minéraux dans les tons rouges, bruns, bleus, verts et jaunes. L'encre noire provenait de la suie. On mélangeait celle-ci avec de la colle pour former un bloc d'encre. On humidifiait le bloc selon les besoins. Les pinceaux étaient en poils d'animaux fixés sur un manche en bambou.

Pinceaux chinois

LA PAGE IMPRIMÉE

Le Sutra du diamant (ci-contre), est un texte bouddhique. Il est sans doute le plus vieux livre imprimé du monde. Il comporte des textes et des dessins. Il a été imprimé à partir d'une gravure sur bois le 11 mai 868 ; il devait sûrement être distribué gratuitement au public.

Des tampons de caractères pour une impression primitive

Image inversée

Image réelle

Le roi de la Lune

La bouche du Soleil

4 Quand le relief est sec, passe de la colle à bois sur le bloc de pâte. Laisse sécher. Une fois sèche, la colle fixe et protège le motif.

5 Peins le dessin. Avec un pinceau chinois ou un pinceau fin passe une couche d'encre à imprimer sur les parties en relief de la pâte.

6 Pose un morceau de papier blanc fin sur le bloc encré. Appuis sur les contours à l'aide d'un pinceau sec pour imprimer le dessin.

7 Soulève le papier pour voir le dessin. Si tu nettoies bien ton bloc d'imprimerie avec un chiffon humide, il pourra te servir plusieurs fois.

MUSICIENS ET SALTIMBANQUES

Au début, la poésie chinoise se chantait. *Shijing (le Livre des chants)* remonte à plus de 3 000 ans, et comprend les paroles d'hymnes ainsi que de chansons populaires. Pendant la plus grande partie de l'histoire chinoise, les musiciens ont joué pour de riches maisons. Les orchestres comprenaient tambour, gong, flûte de Pan, cloches de bronze, violons et autres instruments à cordes. La musique représentait une partie importante de la vie et on plaçait souvent des figurines de musiciens dans les tombes pour distraire le défunt dans l'au-delà.

Les musiciens étaient fréquemment accompagnés par des acrobates, des jongleurs et des magiciens. De telles représentations étaient aussi fréquentes sur les marchés et dans les rues des villes qu'à la cour des nobles. Les conteurs et les marionnettes étaient également appréciés. Le théâtre et l'opéra sont devenus très populaires au XIIIᵉ siècle, avec des histoires de meurtre, d'intrigue, d'héroïsme et d'amour se déroulant en musique. Les rôles féminins étaient généralement joués par des hommes.

LA DANSEUSE DE COUR
Pleine de grâce, une danseuse se produit devant la cour. Sa robe fluide correspond à la mode tang (618-906).

UN THÉÂTRE DE MARIONNETTES
Les enfants donnent un spectacle de marionnettes (XVIIᵉ siècle). Le tambour fournissait l'accompagnement musical, comme dans les représentations de professionnels.

UN MASQUE
Matériel : mètre ruban, gros bloc de pâte à modeler qui sèche à l'air, planchette, spatule, vaseline, journal, colle à bois et pinceau, ciseaux, carton, ruban masque, 2 grosses perles blanches, pinceau, peinture (gris, crème, brique et jaune), gobelet d'eau, aiguille, laine noire, ficelle.

1 Mesure la largeur et la longueur de ton visage avec le mètre. Fais un moule en pâte. Creuse les yeux et ajoute un morceau pour le nez.

2 Enduis l'extérieur du masque de vaseline. Applique 4 à 6 couches de papier mâché que tu trempes dans l'eau et dans la colle. Laisse sécher.

3 Retire le masque du moule en pâte. Découpe une bande de carton de 2,5 cm de large pour faire le tour du visage. Colle-la sur le masque.

MUSIQUE DU JARDIN

Des joueurs de *qins* (« luth ») et de *shing* (« flûte ») dans un jardin. La musique tentait de refléter l'harmonie de la nature et d'insuffler paix et élévation spirituelle chez l'auditeur.

OPÉRA CHINOIS

Cette scène d'opéra chinois date du XVIIe siècle. Les contes populaires étaient représentés au son retentissant des cymbales et d'une voix très haute. Un maquillage et des costumes élaborés indiquaient clairement au spectateur qui était le héros, le méchant, le prince ou le terrible démon.

Ce type de masques se portait volontiers dans l'opéra chinois. Quand tu auras fini ton masque, porte-le pour faire peur aux copains !

RÉSONNEZ, TAMBOURS !

La cavalcade, qui escortait un fonctionnaire important ou un général, pouvait compter des tambours ou des trompettes dans ses rangs. Ces figurines de musiciens à cheval ont été retrouvées dans la tombe d'un haut fonctionnaire de la dynastie des Tang.

4 Découpe 2 oreilles pointues dans le carton. Replie le bord. Découpe de petits bouts de carton pour décorer et colle les oreilles sur le masque.

5 Colle 2 grosses perles pour les yeux. Découpe des bouts de carton et colle-les au-dessus des yeux. Ajoute un autre morceau pour les lèvres.

6 Peins le masque en gris. Laisse sécher. Puis ajoute des détails avec des couleurs vives. Quand c'est sec, vernis avec la colle à bois.

7 Avec une aiguille, couds de la laine noire pour la barbe. Fixe la laine au dos du masque. Passe de la ficelle derrière les oreilles pour attacher le masque.

51

JEUX ET PASSE-TEMPS

Dans les temps anciens, les rois et les nobles aimaient chasser pour le plaisir. On chassait le cerf et le sanglier avec des chevaux et des chars. Des chiens et même des guépards étaient entraînés à poursuivre les proies. On utilisait ensuite des flèches, des lances et des arcs pour les tuer. La fauconnerie (la chasse avec des faucons) était courante vers 2000 av. J.-C. Sous les Ming et les Qing, d'anciennes disciplines spirituelles associées à des arts martiaux étaient utilisées par les moines taoïstes. Ces arts martiaux *(wu shu)* étaient destinés à former le corps et l'esprit.

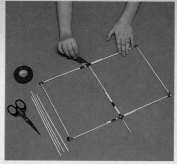

Ils intégraient les mouvements corporels, appelés tai-chi *(taijiquan)*, les jeux d'épée *(jianwu)* et le combat, appelé kung-fu *(gongfu)*. Le tir à l'arc était un sport plutôt populaire dans toute la Chine impériale. Les Chinois, qui aimaient également les jeux de société, auraient peut-être inventé les premiers jeux de cartes il y a environs 2 000 ans.

LA PAIX PAR LE MOUVEMENT
La pratique du tai-chi. Les chinois ont les premiers mis au point un ensemble d'exercices appelés tai-chi, il y a plus de 2 000 ans. Il a été conçu pour favoriser la détente du corps et la concentration de l'esprit.

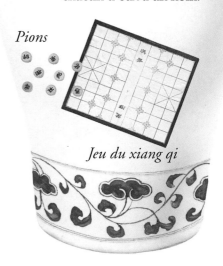

LES ÉCHECS CHINOIS
Le jeu traditionnel du *xiang qi* est proche de notre jeu d'échecs. Une armée se bat contre une autre avec des rondelles qui servent de pions. Pour différencier les pions, chacun d'eux a un nom.

Pions

Jeu du xiang qi

UN CERF-VOLANT

Matériel : 12 bâtonnets de 30 cm, règle, ciseaux, colle et brosse, ruban isolant en plastique, grande feuille de papier, crayon, peinture (bleu, rouge, jaune, noir et rose), pinceau, gobelet d'eau, ficelle, morceau de baguette en bois, petit anneau métallique.

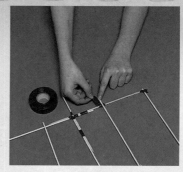

1 Fais un rectangle de 40 cm x 30 cm avec des bâtonnets. Fais chevaucher les bâtonnets, colle-les et mets du papier collant. Mets un bâtonnet au milieu.

2 Fais un autre rectangle dont les dimensions seront : 15 cm x 40 cm. Pose le deuxième rectangle sur le premier. Colle-les ensemble, comme ci-dessus.

3 Mets le cadre sur une feuille et dessine une bordure de 2,5 cm à l'extérieur du cadre. Arrondis les angles à l'extrémité de l'élément central.

52

LES PARIS

Des parieurs mettent leur mise pour jouer au *liu po*. Les bâtonnets en bambou servaient de dés et disaient jusqu'où on pouvait avancer les jetons. Le jeu était un passe-temps très répandu sous les Han. On pariait de grosses sommes sur des parties de cartes, des courses de chevaux ou des combats de coqs.

UNE LUTTE SANS MERCI

Cette figurine de bronze représentant deux lutteurs date de 300 av. J.-C. La lutte était un divertissement et un exercice très prisés dans la Chine impériale. Aujourd'hui, elle se pratique à l'occasion des foires et des festivités.

LE POLO

Ces femmes de l'époque tang disputent avec ardeur une partie de polo. Ce sont probablement des femmes de la noblesse de la cour royale de l'empereur. Le polo était originaire des Indes et de l'Asie centrale. Il fut inventé pour améliorer les compétences équestres des soldats de la cavalerie.

Les enfants chinois jouent souvent avec des cerfs-volants en papier qu'ils ont fabriqués. Le cerf-volant a été inventé en Chine vers 400 av. J.-C.

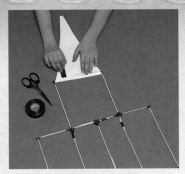

4 Découpe ton cerf-volant en papier. Avec un crayon, dessine les détails d'un dragon sur le papier. Peins tes dessins et laisse sécher.

5 Découpe un morceau de papier triangulaire pour faire la queue. Colle-le au bout du cerf-volant avec du papier.

6 Fixe avec du papier et de la colle ton dessin sur le cadre. Replie la bordure que tu as tracée sur le papier. Colle-la sur l'envers du papier.

7 Enroule 10 m de ficelle autour de la baguette jusqu'à l'anneau. Passe 2 bouts de ficelle dans le cerf-volant. Fixe-les au centre et à l'anneau.

VOYAGE PAR VOIE TERRESTRE

L'empire chinois était relié par un réseau de routes réservées à l'armée, aux fonctionnaires et aux messagers de l'empereur. Une voie spéciale n'était utilisée que par l'empereur. Les gens du peuple devaient emprunter des chemins et des pistes souvent recouverts de boue et de poussière.

En cherchant des solutions pour traverser les nombreuses montagnes et rivières de la Chine, les ingénieurs sont devenus de grands bâtisseurs de ponts. Les ponts suspendus en corde et en bambou ont existé dès le Iᵉʳ siècle. Un pont suspendu à des chaînes métalliques enjambait le Chang Jiang (Yangtzé) dès 580. Un pont en pierre à arcades construit vers l'an 615 existe toujours à Zhouxian, dans la province du Hebei. La plupart des gens se déplaçaient à pied et les porteurs devaient transporter de lourdes charges sur le dos. Les riches se déplaçaient en pousse-pousse d'un lieu à l'autre. De petits poneys originaires de Chine ont été croisés avec des chevaux plus grands et plus robustes d'Asie centrale au Iᵉʳ siècle av. J.-C. Ces montures s'avéraient parfaites pour les messagers et les fonctionnaires. Elles pouvaient aussi être attelées aux carrosses. Les mules et les chameaux cheminaient sur les routes du Nord, alors que les yacks grimpaient les pentes escarpées et dangereuses de l'Himalaya. Les bœufs, eux, tiraient de lourdes charrettes.

CAP À L'OUEST !
Des cavaliers chinois escortent les chameaux d'une caravane (expédition commerciale). Les marchands s'apprêtent à prendre la route de la soie, qui conduisait de Chang'an (Xian) en Chine, jusqu'en Europe et aux rives de la Méditerranée.

À CHEVAL
Un membre de la noblesse retient son cheval. En effet, le cavalier n'a pas d'étriers et peut facilement être désarçonné. Cette scène aurait pu se produire il y a environ 2000 ans. Les étriers en métal se sont généralisés en Chine en 302. Ils procuraient une meilleure stabilité et permettaient de mieux tenir le cheval.

À LA FORCE DU POIGNET

Un propriétaire de l'époque qing visite ses terres. Il est transporté en chaise à porteurs par ses domestiques épuisés. Une ombrelle tend à le protèger de la chaleur du soleil.

LA FORCE DU CHAMEAU

Les chameaux à deux bosses sont originaires d'Asie centrale. Ils peuvent supporter la chaleur et le froid extrêmes de la région, et parcourir de longues distances sans eau. Leur endurance en faisait des alliés précieux pour transporter les marchandises sur la route de la soie.

SOUS LES HAN

Durant cette période, seule la famille impériale pouvait utiliser un attelage de trois chevaux. Cette gravure provenant d'une tombe représente sans doute un messager chargé d'un ordre de l'empereur.

VOYAGER AVEC DE LA CLASSE

Sous les Han, les fonctionnaires voyageaient en voitures à cheval. Cet élément de décors en brique provient d'une tombe han. Après l'introduction de races plus robustes venant d'Asie centrale, le cheval est devenu le symbole des riches et des puissants. On avait tendance à le considérer comme un animal céleste.

JONQUES ET SAMPANS

ongtemps, les rivières, les lacs et les canaux ont constitué les principales voies de communication à travers la Chine. Les pêcheurs faisaient avancer de petits bateaux de bois à l'aide d'un unique aviron ou d'une perche. Ces petits bateaux étaient souvent protégés par des nattes, comme les *sampans* (mot qui signifie « trois planches » en chinois). De gros bateaux à voile, que nous appelons des jonques, voguaient sur l'Océan. Ils avaient souvent une quille, mais pouvaient être à fond plat, la poupe haute et l'étrave carrée. Les voiles étaient faites de nattes renforcées de bambou. Au IXᵉ siècle, les Chinois avaient déjà construit les premiers navires à plusieurs mâts et avec un gouvernail efficace.

Au XVᵉ siècle, les amiraux Zheng He et Wang Jinghong menèrent des expéditions qui les conduisirent en Asie du Sud-Est, aux Indes, en Arabie et en Afrique orientale. Le navire amiral de leur flotte, de 300 bâtiments, faisait cinq fois la taille du plus gros navire européen.

TOUTES VOILES DEHORS

La jonque était le bateau à voile des marchands en mer de Chine orientale et méridionale. C'était aussi le bateau des pirates. Quand elle n'était pas bleue et paisible, la mer de Chine pouvait être fouettée par des ouragans (tempêtes tropicales).

LES VOIES FLUVIALES

Toutes sortes de petits bateaux de commerce circulaient sur les rivières chinoises autour de 1850. Ce mode de transport n'était pas sans périls. Les crues étaient courantes sur le Huang He (fleuve Jaune), qui changeait souvent de lit. Le cours supérieur du plus grand fleuve chinois, le Chang Jiang (Yangtzé) était rocailleux et agité de courants puissants.

UN SAMPAN

Matériel : règle, crayon, carton dur et mince, ciseaux, colle et brosse, ruban masque, 6 bâtonnets, ficelle, papier jaune fin, peinture (noir, marron foncé), pinceau, gobelet d'eau.

39 cm
1 cm — Rebord A X 2

33,5 cm
Côté B X 2 — 5 cm
15 cm

Base C X 2 — 7 cm
Base D

15 cm / 7 cm
Sol E — 7 cm
4 cm

18 cm
Sol F X 2
Bord G X 2 — 6,5 cm / 1 cm
10 cm / 7 cm

Découpe les morceaux B, C, D et G dans du carton dur. Découpe A, E et F dans du carton fin.

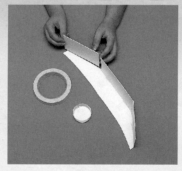

1 Colle les morceaux C et D au côté B. Retiens les morceaux avec du ruban masque pendant que la colle sèche. Retire le ruban masque.

2 Colle le côté B au bateau. Colle le rebord A au-dessus des côtés. Assure-toi que les extrémités débordent de 2,5 cm à l'avant et à l'arrière du bateau.

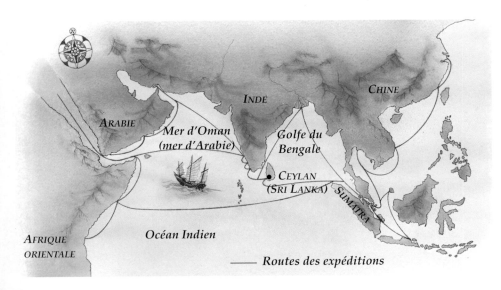

Routes des expéditions

LE FESTIN DU PÊCHEUR

Mers, lacs et rivières étaient une source de nourriture importante dans la Chine impériale. Sécher le poisson permettait de confectionner des sauces et des soupes relevées. Les fruits de mer comprenaient crabes, crevettes et calamars.

Poisson séché

Calamar séché

LES VOYAGES DE ZHENG HE

Les amiraux chinois Zheng He et Wang Jinghong ont effectué sept explorations fantastiques entre 1405 et 1433. Cette carte montre jusqu'où ils sont allés. Ces flottes impressionnantes comprenaient plus de 60 bateaux avec un équipage de près de 27 000 marins, officiers et interprètes. Le plus grand bâtiment mesurait 147 m de long sur 60 de large.

LA PÊCHE

Un pêcheur fait avancer son bateau avec une perche (XVIᵉ siècle). L'oiseau sur le bateau est un cormoran apprivoisé qu'il utilise pour attraper le poisson. Le cormoran était attaché à la ligne, un anneau autour du cou pour l'empêcher d'avaler le poisson.

Pour donner une touche finale à ton *sampan*, fabrique un marin et un aviron pour piloter le bateau.

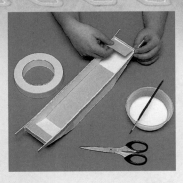

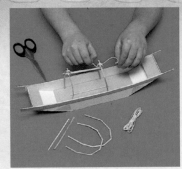

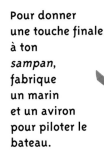

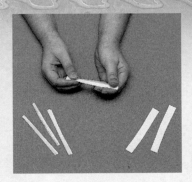

3 Colle le sol E au milieu de la base. Ajoute le sol F à l'extrémité de la base, comme ci-dessus. Colle les bords G entre les extrémités des deux rebords.

4 Forme une arcade de 10 cm avec 2 bâtonnets. Coupe 2 bâtons en 5 morceaux de 10 cm. Colle et attache 2 traverses sur le côté des arcades et une dessus.

5 Recommence le n° 4 pour faire le 2ᵉ toit. Pour faire le dessus, découpe du papier jaune fin en bandes de 1 cm x 10 cm. Plie en deux et colle sur les toits.

6 Peins le bateau et les toits. Laisse sécher. Colle les nattes des toits, comme ci-dessus. Quand la colle a séché, place les toits sur le bateau.

SOLDATS ET ARMES

Dans l'histoire ancienne de la Chine, les guerres entre les souverains locaux ont dévasté la campagne, au prix de nombreuses vies humaines. La tactique et les campagnes militaires sont exposées dans *l'Art de la guerre*, écrit par le maître Sun au VIe siècle av. J.-C., à la même époque que le penseur Kong Fuzi (Confucius). C'était le premier livre de ce genre, et aujourd'hui il est toujours étudié. Après l'unification de l'empire en 221 av. J.-C., les souverains avaient besoin d'armées importantes pour rester au pouvoir et résister aux invasions. Les premières armées chinoises étaient équipées de chars tirés par des chevaux et d'armes en bronze. Plus tard, il y eut des armes en fer, des cavaliers et des centaines de milliers de fantassins. Les armures étaient en métal, cuir laqué ou tissu rembourré. Les armes comprenaient arcs et flèches, arbalètes, épées et hallebardes (de longues lames sur des perches). L'empire s'étant agrandi, les Han entrèrent en conflit avec les peuples qu'ils avaient soumis.

PRÉCIEUSE LANCE

Cette lance date de plus de 3 200 ans. Elle est en jade serti dans le bronze et incrusté de turquoise. La lance avait une fonction rituelle, car elle était trop précieuse pour servir au combat.

SOLDAT DANS LA CAVALERIE

Un guerrier tang est à cheval, prêt au combat. Son cheval est également protégé. Les pieds du guerrier reposent dans des étriers. Ils étaient fort utiles au combat, car ils permettaient au soldat de rester bien en selle.

UNE ARMURE CHINOISE

Matériel : 150 cm x 70 cm de feutre, ciseaux, grosse aiguille, ficelle, carton argenté, règle, crayon, papier collant, agrafes, peinture argent, pinceau, gobelet d'eau, carton dur, colle et brosse.

1 Plie le morceau de feutre en deux. Découpe un demi-cercle le long du pli pour enfiler le tissu. Découpe jusqu'aux hanches et découvre les épaules.

2 Avec les ciseaux, fais 2 trous de chaque côté de la taille. Passe la ficelle dans les trous. Attache comme ci-dessus. La ficelle servira à fixer le vêtement.

3 Découpe 70 carrés (5 cm x 5 cm) dans le carton argenté. Pose à l'envers sur le tissu une rangée de carrés qui se chevauchent. Colle les ensemble.

UN COMBAT SUR LA GRANDE MURAILLE

En 1884-1885, des soldats français se sont battus contre les Chinois. L'empire sur le déclin fut incapable de résister à la supériorité des forces françaises.

HAN AU COMBAT

Ce casque cabossé a protégé jadis la tête d'un soldat han contre les traits d'arbalète, les coups d'épée et les flèches. Les jeunes conscrits devaient servir pendant au moins deux ans. Pendant cette période, ils ne percevaient aucun salaire, mais ils recevaient de la nourriture, des armes et une armure.

GARDE-FRONTIÈRE

Un soldat aguerri monte la garde avec sa lance et son bouclier. Ce genre de garde pouvait surveiller un lointain poste frontière sur la route de la soie. Celui-ci date de l'époque de l'empereur Taizong, sous les Tang.

Pour enfiler ton armure, passe-la par-dessus ta tête. Demande à un(e) ami(e) de t'aider à attacher les liens. Fais des trous dans les épaulettes et attache-les avec une ficelle.

4 Fais des rangées pour recouvrir le tissu. Découpe le carton autour du cou. Colle les rangées ensemble. Retourne le tissu. Mets des agrafes aux coins.

5 Pose l'armure sur le tissu. Mets des agrafes dans les coins en haut et en bas de l'armure. Agrafe le tissu et serre. Peins les agrafes en argent.

6 Découpe les épaulettes dans du carton dur et des carrés de 5 cm pour les épaules dans du carton argenté. Colle et fixe avec des agrafes.

Festivités et coutumes

Tout le monde connaît aujourd'hui le nouvel an chinois ou la fête du Printemps. Sa date varie en fonction du calendrier chinois traditionnel, qui se fonde sur les phases de la lune. À cette occasion, les rues sont très animées. L'heure est à la fête. Des danseurs promènent un immense dragon dans les rues. Ils sont illuminés par des feux d'artifices, qui crépitent pour chasser les mauvais esprits. On célèbre cette fête depuis plus de 2 000 ans, et elle s'est toujours accompagnée de festivités familiales et de carnavals. Le seuil des maisons est décoré de poèmes écrits à la main sur des bandes de papier rouge. Ces poèmes sont considérés par les Chinois comme de véritables porte-bonheur pour l'année à venir.

Peu après le nouvel an, on prépare des boulettes sucrées à base de farine de riz pour la fête de la Lanterne. Des lanternes de papier sont accrochées pour refléter la première pleine lune de l'année. Cette fête remonte à la dynastie des Tang (618-906). Au huitième mois de l'année, on fête la pleine lune d'automne en mangeant des biscuits en forme de lune. Les fêtes chinoises sont liées aux saisons agricoles. On célèbre ainsi, les semailles et les moissons, avec des danses, des courses de chevaux et des mets spéciaux.

DES ANIMAUX QUI DANSENT
Les cortèges du nouvel an chinois ont souvent, à leur tête, un lion (ci-dessus) ou un dragon. Le premier mois du calendrier chinois commence toujours à la première pleine lune, entre le 21 janvier et le 19 février.

COURSES DE CHEVAUX
Les Mongols, qui ont envahi la Chine au XIIIe siècle, ont apporté avec eux l'amour des chevaux et de l'art équestre. Aujourd'hui, dès l'âge de trois ans, les enfants participent aux courses dans le nord de la Chine et en Mongolie.

UNE LANTERNE

Matériel : carton dur, crayon, règle, ciseaux, compas, colle et brosse, papier de soie rouge, peinture bleu, pinceau, gobelet d'eau, carton fin bleu et jaune, fil de fer, papier collant, baguette de bambou, torche, franges.

25 cm

Cadre X 4 — 18 cm

1 cm — 18 cm

2,5 cm

Côté X 4 — 16 cm

Bout X 2 — 18 cm

À l'aide des mesures ci-dessus, dessine 10 morceaux sur du carton dur. Découpe-les avec des ciseaux.

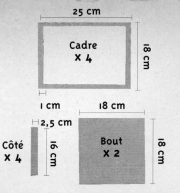

1 Avec un compas, fais un cercle de 8 cm de diamètre au milieu d'un des morceaux du bout. Découpe avec des ciseaux. Colle les quatre côtés.

2 Colle ensemble les éléments du cadre. Puis colle les parties du bout sur le cadre. Quand c'est sec, recouvre le cadre de papier rouge.

LE BATEAU-DRAGON

Le cinquième mois de l'année chinoise, des courses se tiennent pour la fête du Bateau-dragon, en l'honneur d'un célèbre homme d'État, Qu Yuan. Comme son souverain refusait de l'écouter, celui-ci s'est noyé volontairement en 27 av. J.-C. On mange des boulettes de riz en cette occasion.

LES LANTERNES CHINOISES

D'élégantes lanternes en papier éclairent un mariage (XIXe siècle, à l'époque des Qing). On pouvait également accrocher les lanternes sur des perches pour défiler à l'occasion des fêtes.

3 Peins en bleu le haut de la lanterne. Découpe des bordures bleues. Colle-les en haut et en bas du cadre. Colle une bande de carton jaune en bas.

4 Fais 2 trous en face l'un de l'autre en haut de la lanterne. Passe les extrémités d'une boucle de fil de fer par les trous. Recourbe et colle le fil.

5 Fais un crochet avec du carton. Fends le bout opposé au crochet. Colle-le autour de la baguette. Accroche la boucle à l'anneau.

En présence d'un adulte, allume ta lanterne en mettant une petite torche à l'intérieur. Décore-la avec des franges, et va faire la fête !

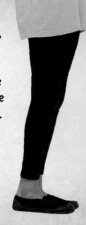

Glossaire

A

Acupuncture : méthode de soins traditionnelle consistant à introduire de fines aiguilles en des points précis du corps.

Alliage : substance obtenue en mélangeant deux métaux ou plus.

Ancêtre : individu dont on descend, comme l'arrière-grand-père.

Arbalète : arc mécanique qui propulse de petites flèches qu'on appelle des traits.

Archéologue : personne qui étudie les vestiges et les ruines du temps passé.

Arts martiaux : exercices physiques qui sont souvent basés sur le combat, comme le judo et le kung-fu. Les arts martiaux chinois rassemblent des disciplines spirituelles et physiques.

Astronomie : étude scientifique des étoiles, planètes et autres corps célestes. Dans l'ancien temps, cela allait souvent de pair avec l'astrologie, basée sur la croyance que les corps célestes façonnent notre vie.

Avant J.-C. : système qui sert à écrire une date avant l'année supposée de la naissance du Christ. On peut aussi faire précéder la date du signe moins (–). Pour les années postérieures à la naissance du Christ, on indique seulement l'année.

B

Banquet : grand festin servi en grande cérémonie.

Battre le grain : frapper le grain pour le séparer de l'enveloppe.

Bouddhisme : principes religieux du Bouddha, qui était originaire des Indes.

Boulier : cadre de bois avec des perles enfilées sur des tiges, qui sert à calculer.

C

Caractère : un des symboles utilisés dans les manuscrits chinois.

Chanvre : fibre végétale, souvent utilisée pour fabriquer des textiles et des vêtements grossiers.

Cité interdite : le palais royal de Pékin, composé d'une centaine de bâtiments rassemblés à l'intérieur de murailles.

Civilisation : société qui progresse dans le domaine du droit, du gouvernement, des arts et de la technologie.

Confucianisme : nom donné par les Occidentaux à l'enseignement du philosophe Kong Fuzi (Confucius), qui plaide pour l'ordre social et le respect de la famille ainsi que des ancêtres.

Cormoran : oiseau des rivières et des côtes qu'on peut dresser pour attraper le poisson.

D

Derrick : sorte de tour qui soutient le matériel de forage.

Dieu de la cuisine : dieu dont l'image était accrochée dans les cuisines chinoises.

Dynastie : période de domination par des empereurs de la même famille royale. Les dynasties les plus importantes de l'histoire de l'empire chinois sont les suivantes :

— Xia (vers 2100 av. J.-C. - vers 1600 av. J.-C.)

— Shang (vers 1600 av. J.-C. - 1122 av. J.-C.)

— Zhou (1122 av. J.-C. - 221 av. J.-C.)

— Zhou occidentaux (1122 av. J.-C. - 771 av. J.-C.)

— Zhou orientaux (771 av. J.-C. - 221 av. J.-C.)

— Qin (221 av. J. - C.-206 av. J.-C.)

— Han (206 av. J.-C. - 220 apr. J.-C.)

— Période des Trois Royaumes (220-280)

— Jin (265-420)

— Dynasties du Nord et du Sud (420-581)

— Sui (581-618)

— Tang (618-906)

— Période des Cinq Royaumes et des Dix Dynasties (906-960)

— Song (960-1279)

— Yuan (1279-1368)

— Ming (1368-1644)

— Qing (1644-1912)

E

Échappement : sorte de cliquet utilisé dans les mécanismes d'horlogerie.

F

Filament : brin de fibre.

Fonctionnaire : personnage officiel chargé d'administrer les affaires du pays.

Fondre : extraire un métal de son minerai en le chauffant dans un fourneau.

G

Glycine : plante grimpante chinoise à grappes de fleurs bleues.

H

Haricot mung ou adsuki : haricot d'origine japonaise, souvent utilisé sous forme de germes.

Harmonie : impression d'ordre, basée sur la paix et l'équilibre.

I

Impérial : en rapport avec le pouvoir d'un empereur ou d'une impératrice.

Islam : foi musulmane, qui proclame qu'il n'y a qu'un seul dieu et que Mahomet est son messager.

J

Jade : minéral dur et précieux dont il existe deux variétés, la jadéite et la néphrite. Le jade est vert ou blanc.

Jonque : bateau chinois traditionnel aux voiles carrées.

K

Kaolin : argile blanche fine, qui sert à fabriquer la porcelaine et le papier.

L

Laque : épais vernis coloré dont on revêt le bois, le métal ou le cuir.

Lychee : fruit chinois.

Lotus : sorte de nénuphar.

M

Magistrat : officier de la justice impériale, sorte de juge.

Magnétite : type de minerai de fer magnétique.

Marchand : quelqu'un qui achète et revend à profit des marchandises.

Menuiserie : travail qualifié du bois nécessaire pour faire de beaux meubles.

Métier à tisser : cadre ou machine servant à tisser.

Millet : céréale de culture.

Monnayage : procédé par lequel on fabrique de nouvelles pièces.

Moxa : procédé qui consiste à faire passer dans le corps la chaleur de feuilles d'armoise en combustion.

Mythe : ancien conte ou légende qui parle des dieux, des esprits ou d'êtres fantastiques.

N

Nacre : substance dure et brillante qu'on trouve dans les coquillages et que les habiles artisans chinois utilisaient souvent pour faire des incrustations.

P

Pagode : haute tour que l'on trouve dans l'est et le sud de l'Asie. Les pagodes servent souvent de bibliothèques ou de lieux de culte.

Paysan : pauvre habitant de la campagne.

Pigment : matériau servant à teindre la peinture ou l'encre.

Pinyin : transcription officielle du chinois dans notre alphabet romain, telle qu'on l'a utilisée dans ce livre. En pinyin, le q se prononce ch.

Pont suspendu : pont dont le tablier (là où passe la route) est suspendu à des tours.

Porcelaine : la plus belle poterie. À base de kaolin, elle cuisait à très forte température.

Province : une partie de l'empire délimitée à des fins administratives.

Q

Quartier : zone murée qu'on trouve dans les cités de la Chine impériale.

R

Rituel : succession d'actes solennels, souvent répétés, qu'on effectue à des fins religieuses.

Route de la soie : route commerciale à travers le continent, qui partait du nord de la Chine et traversait l'Asie jusqu'en Europe.

S

Sampan : petit bateau de bois avec une cabine couverte de nattes.

Seigneur de la guerre : homme qui entretient une armée privée, et exerce son autorité sur une vaste région.

Séismoscope : instrument qui réagit aux tremblements de terre.

sériciculture : production de la soie.

Soufflets (à) : mécanisme pour pomper de l'air dans un feu ou un fourneau.

T

Taoïsme : philosophie chinoise fondée sur la contemplation de la nature. Elle est devenue plus tard une religion avec une croyance en la magie.

Temple : bâtiment utilisé pour le culte ou les rituels. Ces bâtiments sont souvent construits dans ce but.

Terre cuite : mélange d'argile cuite et de sable, dont on fait des statues, des figurines et de la poterie.

Textile : étoffe qui a été tissée, telle que la soie ou le coton.

Tombe : voûte sous laquelle on place le corps des défunts dans la Chine impériale ; les tombeaux des empereurs et des nobles étaient souvent remplis d'objets de grande valeur.

Troquer : faire commerce en échangeant des marchandises au lieu de les payer.

V

Vanner : secouer le grain pour enlever la balle (l'enveloppe) du blé.

Ver à soie : larve (chenille) d'un bombyx. Il sécrète des fils soyeux dont il fait un cocon.

X

Xianq qi : jeu de société chinois, proche de nos échecs.

Y

Yack : bœuf à longs poils, utilisé au Tibet comme bête de somme.

Yin et yang : les deux forces vitales de la croyance taoïste, qui doivent être équilibrées pour obtenir l'harmonie. Le ying est négatif, féminin et sombre, alors que le yang est positif, masculin et lumineux.

INDEX